A cura di Simonetta Vernocchi

Con il patrocinio dell'Istituto Europeo di Scienze Forensi e Biomediche- eFBI

I Edizione Marzo 2019

Copyright Istituto Europeo di Scienze Forensi e Biomediche - eFBI

www.fbi-bau.eu.

Via Pier Capponi, 83, 21013 Gallarate (VA)

Tel. +39 346.631.1059   +39 (0) 331 142.05.42   Fax +39 (0) 331 142.05.39

Immagine di copertina: **Alessandro Pagliaro**

LA MASTURBAZIONE

Funzione necessaria allo sviluppo della personalità

Simonetta Vernocchi

Con il patrocinio dell'Istituto Europeo di Scienze Forensi e Biomediche

Sommario

Introduzione

Ogni espressione umana ha una funzione propria che possiamo anche ignorare, ma dal momento che si è affermata nei millenni di evoluzione della nostra specie, sicuramente è stata decisiva a rendere noi come siamo oggi.

La masturbazione ha una funzione che cercheremo di analizzare soffermandoci sulla funzione ipotizzata della stessa rispetto alle differenti età della vita.

Si definisce masturbazione un'auto-stimolazione ritmica, volontaria, genitalmente orientata. L'attività comporta una eccitazione sempre maggiore che culmina con la liberazione di mediatori chimici propri dell'orgasmo, la scarica di piacere è avvertita a livello dei genitali, o dell'area perianale oppure può essere avvertita a livello del collo, del dorso, del rachide, senza strette connessioni agli organi sessuali.

La Bibbia non contiene riferimenti diretti alla masturbazione ma piuttosto un divieto al "peccato di Onan" riferendosi al coito interrotto quale metodo contraccettivo. È evidente l'errore poiché da allora la masturbazione venne anche chiamata onanismo.

La medicina arcaica condannava la masturbazione, veniva addirittura additata come una delle cause della schizofrenia, era quindi proibita ai bambini ed agli adolescenti. Da queste prese di posizione si apre il problema della gestione del senso di colpa che ne derivava.

Grazie alle intuizioni di Freud e della moderna pedagogia il mondo scientifico è diventato più consapevole dei danni che si possono fare interferendo con l'attività autoerotica infantile di cui viene riconosciuta l'importanza.

Enfatizzare questa attività è comunque sbagliato, occorre invece prenderne le distanze e considerarla come una normale manifestazione della sessualità umana, da rispettare e da considerare in una sfera privata.

L'Organizzazione Mondiale della Sanità nel 2010 ha specificato l'importanza di offrire ai bambini una corretta e tempestiva educazione sessuale.

Educare alla sessualità: ben lungi dal voler enfatizzare pratiche o atteggiamenti volgari, vogliamo unicamente prendere coscienza di un compito educativo di primaria importanza che deve essere svolto dalla famiglia e non può essere demandato alla scuola o ai libri o alla Chiesa.

Condividiamo anche il punto di vista della Organizzazione Mondiale della Sanità che invita a non rimandare alla pubertà o peggio all'adolescenza l'educazione all'affettività ed alla sessualità: in questo modo le informazioni di cui i giovani in special modo di sesso maschile necessitano, vengono ricercate nella pornografia, sui siti cosiddetti per adulti.

Glossario

Masturbazione
La masturbazione come si è detto è un'auto-stimolazione, di solito ritmica, volontaria, genitalmente orientata, che spesso mima e richiama l'atto sessuale, agita dalla persona o dal partner per la ricerca del piacere sessuale. L'attività comporta una eccitazione sempre maggiore che culmina con la liberazione di mediatori chimici propri dell'orgasmo. La scarica di piacere è avvertita a livello dei genitali, o dell'area perianale oppure può essere avvertita a livello del collo, del dorso, del rachide, senza strette connessioni agli organi sessuali.

Masturbazione infantile
Nella prima infanzia un comportamento esplorativo casuale, che può comprendere anche i genitali, è stato definito masturbazione infantile, quando ottiene una evidente soddisfazione dalla manipolazione del proprio corpo.
Il gioco auto-manipolatorio, anche genitale, è uno dei tipi di attività auto-erotica utile affinché il bambino acquisisca conoscenza del proprio corpo, senso dei propri limiti, e sperimenti le proprie potenzialità.
È universalmente riconosciuto che la presenza di attività autoerotica ricca è segno di rapporti soddisfacenti con l'ambiente e con il proprio corpo.

Masturbazione psichica
Si definisce masturbazione psichica una scarica completa di eccitamento sessuale in assenza di qualsiasi contatto fisico. Questo accade quando le fantasie sessuali sono sufficientemente intense.

Masturbazione mascherata nell'adolescenza
Per masturbazione mascherata si intende un eccitamento sessuale non riconosciuto come tale né da chi pratica la masturbazione né da chi vi assiste.
L'eccitamento sessuale, non riconosciuto, si associa ad altre attività per lo più associate a emozioni intense.
Queste attività non hanno un chiaro riferimento sessuale: ad esempio la guida spericolata, (o in condizioni limite: contromano, bendati, a luci spente), camminare sui binari del treno restando impassibili ad attendere l'arrivo del veicolo e scostandosi all'ultimo secondo.

Altre sfide come la roulette russa, o il rischio nello sport e nel gioco, il gioco d'azzardo, il volo, tutti gli sport estremi con una chiara esposizione ad un rischio intenso ripetuto che vengono agiti senza bisogno di mostrarsi e senza necessità di approvazione.

Durante l'attività l'eccitazione è altissima e culmina con la liberazione di mediatori chimici propri dell'orgasmo, la scarica di piacere può essere avvertita a livello del collo, del dorso, del rachide, senza un chiaro riferimento agli organi sessuali.

Masturbazione mascherata infantile

La masturbazione mascherata, in special modo nel bambino, può essere evocata ed agita in relazione alle funzioni fisiologiche primarie: mangiare, bere, urinare o defecare.

Per vicinanza di apparati e quindi di terminazioni nervose le similitudini si fanno più prossime alle funzioni escretorie: il bambino proverà piacere a trattenere le feci e le urine, a posticipare le funzioni stesse per trarre il maggior piacere dal rilasciamento degli sfinteri.

Masturbazione reciproca

Per masturbazione reciproca si intende la mutua sollecitazione genitale che avviene di solito nella coppia come preliminare dell'atto sessuale completo. La masturbazione reciproca può comunque condurre entrambi i partner all'orgasmo senza penetrazione ma solo con strofinamento, con o senza indumenti, con utilizzo delle mani, della lingua, o della suzione. La masturbazione reciproca può avvalersi si strumenti adatti come vibratori o riproduzioni di genitali, o di parti intime, o di bambole gonfiabili.

Fisiologia della sessualità umana

Sesso biologico
Normale sviluppo
maschile o femminile

Identità sessuale
- **di genere (maschio/femmina)**

- **di ruolo (materno/paterno)**

- **di orientamento**
omosessuale, bisessuale, eterosessuale

Funzione sessuale
desiderio
eccitazione
orgasmo
eiaculazione (nel maschio)
soddisfazione

Relazione di coppia
eterosessuale
omosessuale

Sviluppo della sessualità

Premessa
Questo capitolo può presentare dei concetti un po' complessi pertanto se si desidera avere una lettura scorrevole si può tranquillamente passare oltre. Chi invece vuole provare ad avere almeno un'infarinatura circa le basi per comprendere cosa si intenda per identità sessuale o orientamento sessuale prosegua la lettura.

Strutturazione della sessualità
La sessualità umana è multifattoriale: vi concorrono fattori biologici, psico-emotivi e contesto-correlati, sia in senso affettivo, di coppia e famiglia, sia in senso culturale e sociale.
È multi-sistemica: dal punto di vista biologico la funzione sessuale dipende dall'integrità e dal coordinamento tra sistema nervoso, vascolare, ormonale, muscolare, metabolico e perfino immunitario.
Sul piano evoluzionistico la sessualità ha lo scopo di assicurare la prosecuzione della specie, il sesso ricreativo come spesso lo si interpreta non ha una funzione propria in questo contesto.

Multidimensionalità della sessualità
La sessualità umana si esprime in quattro dimensioni: il sesso biologico, l'identità sessuale, la funzione sessuale e la relazione di coppia, tali dimensioni sono interagenti tra loro, vedi tabella annessa.

<u>Il sesso biologico</u> determinato dai cromosomi, e da tutti i fattori endocrini, nervosi, recettoriali che portano alla normale differenziazione sessuale. Essere di genere maschile o essere di genere femminile. Il sesso biologico comporta l'interazione genotipo -ossia il patrimonio ereditato dai nostri genitori- e fenotipo -ossia l'aspetto che mostriamo al mondo-.

<u>L'identità sessuale</u> comprende l'identità di genere (sono un uomo, sono una donna), di ruolo (sono padre/madre), di méta o orientamento sessuale (ossia il genere sessuale della persona desiderata: omosessuale, eterosessuale, bisessuale, indeterminato).

<u>La funzione sessuale</u> comprende il desiderio sessuale, l'eccitazione, l'orgasmo (con eiaculazione nell'uomo) e la soddisfazione.

La relazione di coppia comprende le dinamiche affettive d'amore, passione, intimità; gli stili comunicativi, le dinamiche di potere e controllo; il rapporto sessuale e la sua qualità; il tipo di relazione rispetto al genere dei partner (eterosessuale o omosessuale).

Sviluppo prenatale
Molto dello sviluppo e della differenziazione sessuale avviene prima della nascita, sono 9 mesi decisivi.

Sviluppo dei genitali e delle gonadi
Dal momento del concepimento[1] e fino alla settima settimana gestazionale, l'embrione non è ancora sessualmente caratterizzato e si determina in senso femminile. Vuol dire che nei primi 40 giorni l'aspetto di bimbi e bimbe è identico, non è possibile riconoscere se stiamo aspettando un maschietto o una femminuccia.
Dopo i primi quaranta giorni, se l'embrione è 46 XX continua il suo sviluppo come feto femminile, se invece è 46 XY dopo la decima settimana iniziano a differenziarsi i testicoli. Le gonadi maschili o testicoli secernono testosterone, per la crescita dell'apparato riproduttivo maschile, e l'ormone anti-mulleriano (AHM).
Il testosterone agisce nelle cellule bersaglio interagendo con un recettore.
I bersagli del testosterone sono i testicoli ossia le gonadi, gli organi genitali e le parti del corpo che diverranno caratteri sessuali secondari.
Sul testicolo agisce determinandone la maturazione e la produzione degli spermatozoi.
Il testosterone agisce sul pene ingrandendolo, rendendolo in grado di riempirsi di sangue e di favorire l'erezione.

Caratteri sessuali secondari
Sull'area genitale il testosterone determina la modificazione della cute, dei peli, delle ghiandole sebacee, sul volto causa la crescita della barba e dei baffi, sulla laringe causa la modificazione della voce, sui muscoli determinandone l'ingrossamento. Anche l'attaccatura dei capelli si modifica, le ghiandole sebacee cutanee, e le ghiandole sudoripare, le regioni ascellari.
Queste parti del corpo sono importanti per la caratterizzazione sessuale extra-genitale, ossia dell'apparire un maschietto o una femminuccia anche senza vedere gli organi genitali.

---

[1] F. Fiore "Il cervello di uomini e donne: quali le differenze? –neuroscienze" in «State of Mind», 2014, (http://www.stateofmind.it/)

<u>Possibili alterazioni nel processo di differenziazione</u>
Se tutto avviene nel modo descritto poc'anzi, avremo maschietti XY, con testosterone e femminucce XX, senza testosterone.

Il mancato o incompleto legame tra il testosterone e gli organi bersaglio, principalmente i testicoli, è responsabile della femminilizzazione testicolare o Sindrome di Morris. Questa patologia prevede lo sviluppo di gonadi ossia testicoli, ritenute all'interno dell'addome e la mancata soppressione dei caratteri femminili. Alla nascita i bambini portatori di sindrome di Morris[2] sono fenotipicamente bimbe, ossia hanno genitali esterni da femminuccia, ma testicoli in addome ed il cariotipo 46 XY ossia maschile. Cresciute le bimbe con sindrome di Morris sono spesso belle ragazze tra cui riconosciamo attrici famose con tratti androgini, un po' maschili un po' femminili, ricordiamo Charlize Theron, Naomi Campbell, Kim Novak. Ben 1 neonato su 13.000 presenta questa anomalia che appartiene al gruppo dei disturbi intersessuali. Ci sono differenti gradi relativi alla sindrome che vanno dall'essere quasi un maschietto ad essere quasi una femminuccia.

Nei feti che hanno cariotipo 45 X0 lo sviluppo rimane in senso femminile ed alla nascita avremo una bimba che svilupperà la sindrome di Turner.

Nel feto 46 XY in cui tutto funziona bene, l'ormone Anti-mulleriano è prodotto dal gene MIF ed è responsabile della regressione degli abbozzi embrionali femminili. Un funzionamento disfunzionale del MIF provoca una sindrome nota come pseudoermafroditismo interno per mancata regressione degli organi riproduttivi femminili e criptorchidismo, ossia mancata discesa dei testicoli dall'addome allo scroto. Alla nascita avremo un feto fenotipicamente femminile, ossia nasce una femminuccia, ma con testicoli ritenuti e genotipo maschile XY.

<u>Differenziazione sessuale cerebrale</u>
A livello cerebrale, la differenziazione sessuale avviene in un secondo momento ed è fortemente influenzata dall'azione ormonale. Il cervello si differenzia in senso maschile o femminile a seconda che vi sia o meno un picco di testosterone, la sensazione di essere uomo ha origine in questo periodo della vita e resta tale per tutti i nostri giorni. I bambini venivano considerati alla nascita come fogli bianchi sui quali poter scrivere e definire l'appartenenza sessuale, di fatto ora sappiamo che non è così. La riassegnazione sessuale come veniva eseguita nel secolo scorso in corso di

---

[2] Bruce Gottlieb, Lenore K. Beitel e Abbesha Nadarajah, *The androgen receptor gene mutations database: 2012 update*, in *Human Mutation*, vol. 33, n° 5, 1° maggio 2012, pp. 887–894,

amputazioni accidentali è gravata da alto rischio di suicidio e da disagio psicologico enorme. Se alla nascita fraintendiamo l'appartenenza al genere come si è strutturata nella gestazione, per un motivo qualsiasi di ordine ormonale o genetico e cresciamo un bimbo come bimba o viceversa, stiamo gettando le basi per un'alterazione intersessuale.

Prima infanzia
Nella prima infanzia l'esplorazione del corpo e dei genitali ha una funzione conoscitiva. In questa fase può essere che la stimolazione ripetuta dell'area genitale provochi piacere ma le attenzioni verso i propri e gli altrui organi genitali non hanno alcuna finalità sessuale. L'interesse e la curiosità per i genitali si limitano alla conoscenza della morfologia e delle funzioni. Essere maschio vuole dire essere come papà, essere femmina vuole dire essere come la mamma.
Il concetto di maschile e femminile andrà strutturandosi di solito solo verso i 3–4 anni di vita.

<u>Strutturazione di una identità sessuale normale</u>
Per la strutturazione dell'identità sessuale sana e normale è di grande importanza la conoscenza del proprio corpo, della propria genitalità e della differenza di genere (essere maschio o femmina) fin dalla nascita, o meglio fin dai primi anni di vita. Secondo le linee guida dell'Organizzazione Mondiale della Sanità[3] l'instaurarsi di un buon rapporto con il proprio corpo e con la propria genitalità deve avvenire entro i 4 anni di vita. Generalmente già a tre anni di vita l'identità sessuale è ben consolidata, ossia il bimbo sa di essere un maschietto o una femminuccia.

<u>Conoscenza della propria identità sessuale</u>
Nella prima infanzia la conoscenza della propria e dell'altrui genitalità avviene attraverso:
- l'esplorazione spontanea dei propri genitali,

---

[3] Ufficio Regionale per l'Europa dell'OMS e BZgA, Standard per l'Educazione Sessuale in Europa. Quadro di riferimento per responsabili delle politiche, autorità scolastiche e sanitarie, specialisti. Centro Federale per l'Educazione alla Salute, BZgA (Germania) Colonia 2010. Edizione italiana promossa e finanziata dalla Federazione Italiana di Sessuologia Scientifica, Curatore e revisore scientifico: Piero Stettini, Traduzione di: Laura Barnaba.

- la stimolazione ritmica dei propri genitali denominata "masturbazione infantile";
- l'esplorazione del corpo altrui anche tramite "il gioco del dottore", in questo modo il bambino può confrontarsi e conoscere il corpo degli altri bambini, ed apprendere le differenze di genere.

<u>Attribuzione di genere</u>
È necessario che gli organi genitali siano di facile attribuzione di genere: genitali esterni e genitali interni, gonadi, ossia testicoli od ovaie, coerenti al genere, ed ormoni sia in epoca prenatale che dopo la nascita, consoni ai genitali. Esistono almeno 3 livelli di complessità:
1. genitali esterni ed interni,
2. gonadi ossia avere testicoli od ovaie ed
3. assetto ormonale ossia avere testosterone nel caso di maschio, estrogeni nel caso di femmina.

Un'alterazione che determini ambiguità negli organi genitali porta a confusione: questo è il caso del disturbo intersessuale. Ossia i genitali esterni sono ambigui per la presenza di una patologia di solito di carattere genetico che causa una presenza di un pene piccolissimo o un clitoride grande, o le grandi labbra fuse o lo scroto diviso, o la mancanza dei testicoli nello scroto, per dirne alcuni.

Oppure per patologie ormonali molto complesse, il bimbo si sente maschietto mentre i genitali sono da femminuccia, o viceversa la bimba si sente femminuccia mentre i genitali sono da maschietto. Queste patologie sono rare per fortuna, ed ora possono essere curate.

Fase edipica
Secondo la visione psicanalitica classica la fase edipica inizia dai 2-3 anni di vita grazie all'identificazione del bimbo con il genitore dello stesso sesso e l'innamoramento, l'infatuazione, o addirittura la venerazione verso il genitore del sesso opposto. Questo determinerà un periodo transitorio di odio e rivalità nei confronti del genitore dello stesso sesso.

Se il genitore dello stesso sesso accoglie e comprende questa rivalità come transitoria e la considera normale, il bimbo supererà nel giro di qualche mese al massimo qualche anno la fase edipica e volgerà il proprio interesse verso altri soggetti del sesso opposto, e della propria età.

Superamento della fase edipica
Grazie ad un buon rapporto con il corpo dei propri genitori o di loro sostituti stabili, avviene il superamento della fase edipica e dal punto di vista psicologico l'identità sessuale si struttura grazie all'identificazione con il genitore dello stesso sesso, e quindi la madre (naturale o adottiva),

per le femmine, il padre o suoi sostituti stabili, per i maschi, purché ci sia la possibilità di un rapporto continuativo e affettuoso.

Strutturazione dell'orientamento sessuale

L'orientamento sessuale si struttura grazie alla complementazione con il genitore del sesso opposto (o un suo sostituto stabile) che permetta il superamento della fase edipica. È essenziale la qualità dell'affetto che si sperimenta inizialmente con il *care-giver* ed all'interno della famiglia che richiede una madre sufficientemente buona ed una base sicura.

Lo stile di attaccamento sufficientemente buono ossia la "madre sufficientemente buona" di Winnicott, garantisce un rapporto tra il genitore (o loro sostituti significativi) e il bambino, e consente livelli di accudimento, contenimento e comprensione minimamente buoni.

La crescita in un contesto identificabile come base sicura garantisce al bimbo un amore sicuro, tenero, sereno, e contribuisce alla crescita della cosiddetta "base sicura" (teoria di Bowlby) che nutre la fiducia interiore sul proprio valore, sull'essere capaci di amare e meritevoli di essere amati.

Strutturazione dello spazio intimo

La nostra cultura non approva l'ostentazione della vita intima, esiste ed è ricercato il senso del pudore, il senso della privacy, il senso della propria intimità: il bambino comprenderà che ci sono limiti da non superare, che ci sono funzioni che richiedono discrezione, che esiste una differenza tra ciò che si può fare anche in pubblico e ciò che si può fare solo in privato, o solo in famiglia.

Il senso del limite si acquisisce entro il terzo anno di vita.

Di converso, relazioni anaffettive, o con abusi verbali, fisici o sessuali, possono ferire profondamente il processo di crescita dell'identità sessuale e la capacità di vivere relazioni affettive significative e gratificanti (famiglia maltrattante).

La famiglia maltrattante con la storia di abusi può contribuire all'instaurarsi di una sessualità distorta, di sesso compulsivo, oppure della negazione della sessualità.

Seconda infanzia e latenza

L'età compresa tra i 6 e i 10 anni viene identificata classicamente come la fase della latenza riferita all'aspetto sessuale, in questo periodo l'interesse sessuale viene meno.

Il bambino preferirà giocare coi coetanei maschi e la bambina con le coetanee femmine.

Si coltivano hobbies, sport, interessi culturali.

La masturbazione viene accantonata e l'interesse per un eventuale partner è vissuto in modo oserei dire "romantico".
Questa è la fase che vede la nascita delle grandi amicizie e dell'amico/amica del cuore. In questa fase in contesti culturali adatti si formano le cosiddette "bande" in cui si sperimenta la struttura gerarchica e le dinamiche del gruppo e "del branco". Il bambino e la bambina imparano i valori dell'amicizia, della solidarietà, della fratellanza, della coerenza, della complicità, qualora questi valori vengano meno potremmo assistere, proprio in questa fase, alla nascita delle devianze, ai fenomeni del bullismo, alle violenze, al disturbo della condotta. In questa fase avvengono le prime scoperte circa le proprie inclinazioni: artistiche, culturali, scientifiche, in questa fase si impara a studiare.

La pubertà
La pubertà e l'adolescenza[4] sono decisive per il normale completamento ed espressione dell'identità sessuale.
La pubertà è la transizione biologica dall'infanzia alla maturità sessuale; l'adolescenza comprende invece l'insieme delle trasformazioni psico-emotive e psicosessuali che accompagnano la pubertà.
In passato pubertà e adolescenza tendevano temporalmente a coincidere. Oggi assistiamo a un progressivo sfasamento tra i due periodi, con importanti conseguenze dal punto di vista medico, psicologico, sessuale e relazionale.
La pubertà intesa proprio come fatto biologico comprende la comparsa dei caratteri sessuali secondari, ossia la comparsa dei peli pubici ed ascellari, la maturazione delle ghiandole sudoripare e sebacee, la comparsa della prima peluria sul viso per il fanciullo nella sede della barba e dei baffi, la comparsa e sviluppo della ghiandola mammaria per la fanciulla.
Le mutazioni comprendono anche la struttura del corpo con la deposizione del tessuto adiposo nelle aree caratteristiche per le donne (fianchi e cosce) e l'aumento di statura e poi di muscolatura per gli uomini. Infine, anche gli organi genitali e le gonadi completano il proprio sviluppo.

<u>Modificazioni genitali maschili e comportamenti conseguenti</u>
Nel maschio avremo le modificazioni dei testicoli e del pene con le prime emissioni di sperma, involontarie e poi provocate: queste modificazioni sono molto evidenti ed esplicite per cui gli adolescenti maschi sono incentrati naturalmente sul proprio organo genitale. In questa fase è

---

[4] Graziottin A., *Educazione sessuale - Tutto quello che dovete sapere se avete un figlio adolescente*, Giunti Editore, Firenze, 2010 ISBN 8844039214.

normale che si assista ad una sorta di esibizione nel gruppo dei pari della propria mascolinità: il pene eretto crea ingombro, può creare imbarazzo ma è anche oggetto di culto e d'invidia. Trovandosi nella parte anteriore del corpo ed essendo la manipolazione favorita dalla minzione e dalla masturbazione viene misurato, fotografato, esibito, commentato alla ricerca di conferme circa la propria normalità, virilità, potenza, prestanza.

Non si deve ritenere che ciò sia indice di orientamento omosessuale, ma rappresenta solo una fase normale della crescita che deve essere rispettata assicurando spazi di privacy.

La masturbazione che durante la fase della latenza era praticamente scomparsa viene ripresa talvolta con frenesia.

Oltre alla masturbazione in questa fase si intraprende una attività sessuale etero-agita, la masturbazione reciproca è la forma più comune e diffusa ma ora con l'avvento dell'informatica e la facilità di contatti via web abbiamo forme di sessualità impensabili fino a qualche decennio fa.

Queste forme comprendono l'esibizione di comportamenti sessuali e seduttivi, l'esibizione dei genitali, del pene eretto, della masturbazione, esibizione dell'ano senza che vi sia per questo un orientamento chiaramente omosessuale: consiste in un gioco erotico "a buon mercato", senza gli incomodi delle relazioni concrete, dell'affettività, delle malattie veneree, il tutto nella propria stanza con la propria *web-cam*.

Modificazioni genitali femminili e comportamenti conseguenti

Nella femmina gli organi che si modificano: utero, tube, ovaie, sono per più nascosti, solo i genitali esterni sono un po' più visibili ma con difficoltà ciò che si modifica in modo visibile sono le grandi e piccole labbra, ma soprattutto la mammella. La comparsa del primo ciclo mestruale è per ogni fanciulla un segno importante che indica in modo brutale la propria capacità di generare. Nel gruppo dei pari le ragazze non si confrontano organi genitali o mammelle ma discutono del ciclo e di tutto ciò che in termini di disagio e sofferenza questo comporta!

Il confronto nel gruppo dei pari per le ragazze può riguardare il proprio aspetto, le forme femminili, il trucco, il taglio di capelli, in questo modo anche le ragazze cercano approvazione e conferme per la propria autostima.

L'adolescenza

L'adolescenza, come processo psichico di maturazione[5], tende oggi a protrarsi oltre i vent'anni, talvolta oltre i trenta o addirittura oltre i

---

[5] Graziottin A., *L'effetto della luna - Manuale di Educazione Sessuale per adolescenti dai 12 ai 15 anni*, GB Edizioni, Padova, 1993.

quaranta a causa della dipendenza economica e logistica dalla famiglia. Questo dilatarsi dei tempi, tra la maturità sessuale e la possibilità concreta di vivere la sessualità in una relazione stabile, possono creare più problemi: dove e come esprimere i propri impulsi sessuali, come poter avere una gravidanza.

Proprio nel momento di massima pulsione sessuale si ha anche la massima difficoltà di espressione rispetto al luogo congruo ed al tempo opportuno.

Riconoscimento ed accettazione dell'orientamento omosessuale

Una seconda difficoltà ricorrente nell'adolescenza riguarda il riconoscimento, l'accettazione e l'espressione del proprio orientamento sessuale in caso di omosessualità. I problemi sono di ordine famigliare, culturale, sociale.

Le difficoltà potranno apparire insormontabili e portare al rifiuto della attività sessuale in toto, alla repressione di ogni desiderio sessuale, fino a situazioni di isolamento sociale.

In alternativa vi potrà essere un ripiegamento verso pratiche sessuali di tipo masturbatorio anche compulsivo, oppure alla ricerca di una relazione di facciata eterosessuale, che possono avere un significato di "surrogato".

Il desiderio sessuale

Strutturazione del desiderio sessuale normale
Il desiderio sessuale costituisce la dimensione più complessa della sessualità umana. Possiamo considerarla una funzione associativa complessa, attivata da stimoli endogeni o esogeni, che induce il bisogno e il desiderio di comportarsi sessualmente.

Gli stimoli endogeni comprendono l'immaginario erotico, la memoria di precedenti esperienze, le fantasie sessuali volontarie e spontanee, i sogni erotici, i bisogni pulsionali, le emozioni: ciascuno è espressione psichica dell'attivazione biologica di aree e circuiti cerebrali.

Gli stimoli esogeni sono i segnali, immagini, suoni, voci, profumi, percepiti come attraenti, veicolati attraverso gli organi di senso.

Il desiderio può essere considerato come la risultante della somma delle forze che ci portano verso il comportamento sessuale o ce ne allontanano: stimoli biologico-istintuali, fattori motivazionali-affettivi e cognitivi.

In uomini e donne, tre dimensioni contribuiscono al desiderio sessuale:

- Lo stimolo biologico istintuale,
- Lo stimolo motivazionale-affettivo,
- La valutazione cognitiva ad agire un comportamento sessuale.

Il desiderio sessuale nasce ed è modulato da fattori biologici, psichici e relazionali. La componente istintuale del desiderio, la voglia fisica, viene attivata da rilevatori di bisogni fisici (*need-detectors*) situati a livello dell'ipotalamo e modulata da centri diversi del sistema limbico. Viene frenata o esaltata nella sua espressione affettiva e relazionale, oltre che fisica, da interazioni complesse tra ipotalamo e lobo limbico e frontale.

Oltre agli aspetti pulsionali, fisici, biologicamente mediati, il desiderio sessuale ha, nella nostra specie, importanti significati affettivi e relazionali, come espressione di amore e passione, come rivelatore della qualità e dell'intensità della relazione, come significato capace di indurre anche radicali cambiamenti nella vita personale.

L'espressione del desiderio ha forti valenze culturali, che nella loro complessità concorrono all'erotismo, la dimensione più sofisticata, soggettiva e complessa della sessualità.

Lo stimolo biologico istintuale è fondato su basi anatomiche e neurofisiologiche, viene definito anche "interesse sessuale", il cui primo significato è di promuovere il mantenimento della specie, attraverso la procreazione. Si tratta di un processo complesso attivato a livello cerebrale dal testosterone in entrambi i sessi; di esso fanno parte: gli ormoni, lo stato di salute fisica, farmaci e droghe.

Variazioni del desiderio sessuale con l'età
Nell'adolescente il desiderio è per definizione un fenomeno dinamico e mutevole. Può variare lungo un continuum che va dalla passione, alla compulsione, al bisogno, all'interesse, all'indifferenza, alla riluttanza fino all'avversione franca.
Il desiderio sessuale in entrambi i sessi declina con l'età, con una caduta maggiore nelle donne, in coincidenza della menopausa, per ragioni sia endocrine sia relazionali, ed è accentuata in caso di menopausa iatrogena, specie se precoce. Il desiderio si presenta relativamente costante e continuo nell'uomo, seppure con un graduale declino, dall'adolescenza fino alla tarda maturità.
Nella donna il desiderio è fisiologicamente discontinuo, anche in età fertile, in relazione alle variazioni endocrine correlate ai diversi stati fisiologici e psico-emotivi del ciclo mestruale, della gravidanza, del puerperio e della menopausa.
Lo stato di salute fisica e di benessere psichico modula l'efficienza dei sistemi biologici che concorrono alla funzione sessuale. Nell'adolescente in perfetta forma fisica, l'energia vitale, di cui l'energia sessuale è una delle espressioni principali può davvero essere difficile da contenere e si esprime sia con la ricerca della soddisfazione sessuale sia mascherata o sublimata in differenti modi.
Da non trascurare sono farmaci assunti, droghe, alcol, oppure la presenza di malattie psichiatriche che possono influenzare le funzioni sessuali. Alcuni farmaci ed alcune droghe possono bloccare totalmente le funzioni sessuali.

Funzione degli ormoni sul desiderio sessuale
Gli ormoni implicati nel desiderio sessuale sono molteplici ed agiscono sia a livello centrale ossia sull'encefalo che a livello periferico sugli organi sessuali. I principali, molto importanti sia per l'uomo che per la donna sono gli androgeni che hanno funzione di "iniziatori centrali" e di "modulatori periferici".
Nella donna abbiamo gli estrogeni che sono "modulatori centrali e periferici" ed i progestinici che hanno funzione di "inibitori centrali moderati".
La prolattina è un inibitore centrale a dosi crescenti.
Importanza rilevante hanno gli ormoni tiroidei, modulatori centrali, ma che agiscono anche perifericamente aumentando i recettori per gli altri ormoni.

Nelle differenti fasi della vita entrano in gioco gli ormoni della neuroipofisi come la vasopressina e l'ossitocina. Questi ormoni regolano tutte le funzioni più importanti legate alla sopravvivenza. L'ossitocina è responsabile oltre che dell'attaccamento, anche di altre funzioni vitali quali le contrazioni uterine nel parto, e dopo la nascita del bambino, inoltre favorisce la lattazione, la vasopressina regola il fabbisogno di acqua ed i meccanismi della sete.

Gli ormoni e i neurotrasmettitori ad essi correlati, regolano il tono dell'umore, l'aggressività, l'energia vitale, la neurobiologia dei sistemi emotivi fondamentali, oltre al richiamo sessuale regolano la rabbia, la paura, l'attaccamento e l'angoscia di separazione. Gli androgeni nell'uomo e nella donna sono gli ormoni più rappresentati a livello plasmatico. Hanno il ruolo più potente nell'accendere il desiderio fisico istintuale.

L'ormone principale si è detto essere il testosterone che innesca il processo, ma anche il deidroepiandrosterone (DHEA), prodotto a livello surrenalico prodotto in elevate quantità durante e dopo la pubertà, sembra contribuire alle basi fisiche e psichiche del desiderio sessuale.

Un'azione rilevante si è detto è svolta anche da altri ormoni: gli estrogeni, nella donna, agiscono come modulatori della femminilità e del benessere psicofisico; i progestinici che hanno un effetto modulante a vari livelli. La produzione degli androgeni, degli estrogeni e dei progestinici varia in relazione all'età della donna (età riproduttiva, menopausa naturale, menopausa iatrogena) e del ciclo mestruale, gli ormoni che presentano oscillazioni più rilevanti sono: l'estradiolo, il testosterone, l'androstenedione, il DHEA, il DHEAS (deidroepiandrosterone solfato).

La prolattina ha un ruolo inibitorio sul desiderio sessuale, in entrambi i sessi, col crescere dei livelli plasmatici; ma è importante per l'attaccamento e quindi per l'instaurarsi di legami solidi. L'ormone tiroideo, se carente, può ridurre il desiderio sessuale in entrambi i sessi.

L'ossitocina, neuro-ormone con molteplici funzioni (travaglio di parto, sostiene le contrazioni, favorisce il secondamento, la lattazione) che presenta un picco plasmatico in coincidenza con l'orgasmo, ottenuto sia con autoerotismo sia con il coito, si comporta come ormone favorevole al desiderio. L'ossitocina sembra caratterizzare, nella donna come nell'uomo, il cosiddetto *orgasmo finale* è il mediatore responsabile del senso di sazietà, dopo l'orgasmo.

La vasopressina è un neuro-ormone, prodotto dall'ipotalamo, sembra contribuire alla modulazione centrale del desiderio sessuale.

Desiderio ed eccitazione

Dal punto di vista soggettivo, il desiderio è spesso difficile da distinguere dall'eccitazione mentale. In entrambi i sessi, il desiderio può infatti anticipare l'eccitazione, essere ad essa consensuale, o aumentare in risposta a un'eccitazione sessuale genitale indotta dal gioco erotico.

Adolescenza e espressione sessuale
Nell'adolescente sia l'identità sessuale per le dinamiche interpersonali che essa attiva e di cui è espressione (bisogno di conferme, di accettazione, autostima, fiducia in sé, immagine corporea), sia le emozioni possono indurre un comportamento sessuale senza che vi sia un vero desiderio sessuale.

Fondamentale per un rapporto sano e durevole sarebbe l'intensità del coinvolgimento affettivo e dell'innamoramento, nonché la capacità di fiducia nell'altro/a ed il desiderio di intimità.

Spesso tutto questo manca in una relazione tra adolescenti. L'espressione sessuale non può concretizzarsi se manca la capacità di gustare il piacere erotico. La sessualità dovrebbe essere ricercata e coltivata senza sensi di colpa, le esperienze preparatorie al rapporto sessuale completo sono il sesso ricreativo e la masturbazione. Possono esistere motivazioni non sessuali al comportamento sessuale: ansia, tristezza, sentimento di solitudine, abitudine, affetto, bisogno di intimità emotiva; bisogno di scarico di tensione, bisogno di ottenere dei vantaggi (sesso strumentale) o il bisogno di eccitazione generica: molti bisogni, sentimenti, emozioni possono indurre un comportamento sessuale senza che vi sia un vero desiderio sessuale.

La valutazione cognitiva ad agire un comportamento sessuale è basata sull'analisi e il controllo dei fattori che inducono il comportamento sessuale e i rischi che lo sconsigliano. Nell'adolescenza la valutazione razionale è la più vulnerabile all'irrompere (*acting-out*) dei fattori istintuali e affettivi. Si pensi agli incontri ad alto rischio di trasmissione di malattie sessualmente trasmesse, in cui l'irruzione istintuale scardina il comportamento di evitamento, e quindi autoprotettivo, coerente con la valutazione cognitiva del rischio, oppure alla facilità con cui gli amanti si fanno scoprire, il che conferma il potere afrodisiaco insito nella trasgressione. Comportamenti obiettivamente pericolosi sono agiti dagli adolescenti pur nella consapevolezza e nella contestuale incapacità di modificarli. Consideriamo inoltre non ultimo, il fatto che "rischio e trasgressione" sono tra i più potenti afrodisiaci cognitivo-motivazionali dell'erotismo maschile e femminile specie tra gli adolescenti.

Repressione e controllo del desiderio sessuale
Per il desiderio sessuale[6] possiamo stabilire una regola neuro-biologica generale: la psiche modifica la biologia cerebrale e la biologia cerebrale condiziona e modifica le nostre espressioni psichiche. Gli studi hanno evidenziato una reciprocità sostanziale e dinamica tra psico-plasticità e neuro-plasticità. Il desiderio e l'eccitazione psichica coinvolgono le medesime regioni cerebrali nei due sessi. Vengono coinvolti il sistema limbico ed i lobi frontali.
Perché si attivi il desiderio sessuale occorre integrità anatomica e funzionale del sistema limbico. Quest'ultimo indica strutture molteplici, anatomicamente e funzionalmente collegate, che si connettono al diencefalo, al lobo frontale e temporale. I circuiti del sistema limbico, tra cui l'amigdala, hanno funzioni regolatrici:
il sistema limbico è un centro critico per la mediazione tra le emozioni fondamentali, che concorrono alla modulazione del bisogno sessuale;
il ricordo delle esperienze precedenti si confronta continuamente a livello dei circuiti limbici: se lo stimolo sessuale attuale viene confrontato con il ricordo, se il confronto è piacevole, viene attivata la cascata di eventi neuro-vascolari che coordinano la risposta sessuale, se il confronto è negativo, il circuito viene inibito o bloccato.
Gli stimoli psichici (affettivi, emotivi, cognitivi) hanno una notevole importanza nella regolazione del desiderio, un ruolo primario è svolto dal lobo frontale che svolge un'azione prevalentemente inibitoria sugli istinti sessuali basali. La nostra specie si distingue dai Primati, nostri cugini, solo per il 2% dei geni: da questa minima ma critica componente sono codificate non solo le differenze somatiche, ma lo speciale sviluppo del lobo frontale nell'essere umano, che sarebbe caratterizzato da una maggiore capacità di inibire i propri impulsi, nello specifico sessuali, per rendere i propri comportamenti più socialmente appropriati.
Il lobo frontale ed il sistema limbico sono essenziale in entrambi i sessi per una serie di altre funzioni tra cui: mantenere il desiderio sessuale e i fenomeni ad esso associati quali le fantasie erotiche volontarie, i sogni erotici e le fantasie sessuali spontanee, il bisogno di masturbarsi, evocare l'eccitazione sessuale mentale, l'attivazione di eventi neuro-vascolari che coordinano la risposta fisica sessuale genitale e somatica (periferica non-genitale) sia durante l'eccitazione "automatica" neurovegetativa, sia durante il sonno con sogni, sia durante l'eccitazione conscia; la modulazione delle risposte psicofisiche fondamentali attraverso il continuo confronto di emozioni e sensazioni coinvolte con ricordi di esperienze ed

---

[6] La sessualità umana e fisiopatologia sessuale in "come e perché amiamo" con LUDES, Aceranti A et al. 11.05.2013

emozioni precedenti. La capacità di controllo delle funzioni sessuali e del desiderio viene esasperata attraverso un'educazione sessuale fortemente diversa, nei due generi, nella maggior parte delle culture e dei popoli: repressiva nelle donne e incentivante nell'uomo. Inoltre, esiste una notevole repressione in quasi tutte le culture per l'espressione del desiderio omosessuale che viene disapprovato anche da ogni culto e religione. La repressione del desiderio sessuale nella donna il fondamento nel tentativo di prevenire le gravidanze indesiderate e controllarne il numero, anche in relazione al notevole impegno che una gravidanza presenta per la vita di una donna tanto più se adolescente. Di tipo sociologico e culturale sono le motivazioni che favoriscono nell'uomo un comportamento incentivante: dover dimostrare la propria potenza, la propria vigoria, la propria forza.

Di fatto imporre divieti, regole e limitazioni molto restrittive agli adolescenti, ottiene l'effetto contrario di incentivare i comportamenti proibiti: sia per la messa in atto della formazione reattiva, meccanismo di difesa che abbiamo già considerato, sia per la necessità in questa fase della vita di differenziarsi e di autoaffermarsi come individuo: nel tentativo di differenziarmi da mio padre o da mia madre rischio di rifiutare in blocco anche ciò che di positivo mi hanno trasmesso.

La fissazione sul desiderio sessuale ed in particolare sulle fantasie erotiche volontarie può essere accresciuta dalla visione di filmografia pornografica, frequentazione di siti web, o da letture, frequentazione di locali, fin a giungere ad una vera dipendenza dall'eccitazione continua, alla masturbazione compulsiva, alle vere e proprie fissazioni sessuali che possono interferire con la vita relazionale. Si possono avere comportamenti inappropriati come il voyerismo, l'esibizionismo, il feticismo.

L'impegno che la coltivazione di relazioni importanti e concrete richiede è superato dalle relazioni virtuali: veloci, comode, multiple e anche contemporanee, non richiedono spostamenti, non richiedono impegno, l'adolescente può masturbarsi tranquillamente via web-cam e coltivare i propri impulsi e desideri sessuali a buon mercato, senza rischi di gravidanze indesiderate, malattie veneree, litigi, ed inutili implicazioni affettive!!!!

Disturbi del desiderio sessuale

Il disturbo del desiderio sessuale per difetto "ipo-attivo" è definito come persistente o ricorrente carenza o assenza di fantasie sessuali e/o desiderio, o ipo-recettività per l'attività sessuale, che provochi stress personale mentre il disturbo di avversione sessuale è definito come persistente o ricorrente avversione fobica con evitamento del contatto con un/una partner sessuale, che causi stress personale.

La definizione sottolinea come lo stress personale sia requisito essenziale affinché un desiderio sessuale scarso sia considerato patologico. Negli adolescenti con vita attiva molto intensa e molteplici impegni, il desiderio sessuale può non trovare luoghi e spazi idonei per la propria espressione. I disturbi del desiderio sessuale per eccesso, che possono comportare iper-sessualità nella donna, non sono stati considerati nelle recenti classificazioni. Sono comunque molto rari. Nell'uomo sono invece classificati nel DSM-IV.

I disturbi del desiderio sessuale per difetto, sono in assoluto i più frequenti nelle donne, interessano dal 20 al 33% delle donne tra i 18 e i 55 anni. Secondo altri ricercatori la prevalenza è minore nell'età fertile, intorno al 20-25%, mentre tende ad aumentare in post-menopausa, specie nelle donne che non seguono terapie ormonali sostitutive.

Nell'uomo i disturbi del desiderio sessuale sono meno frequenti, assestandosi sul 10-25 %. Il desiderio diminuisce con l'incremento dell'età (andropausa).

Riportiamo alcune condizioni cliniche che possono causare disturbi del desiderio sessuale per difetto.

1.   Primarie di origine biologica: sindromi disgenetiche in particolare le più frequenti sono la sindrome di Turner (prevalenza 1/10000) caratterizzata da un corredo genetico 45, X0, e fenotipo femminile, sindrome di Morris (prevalenza 1/20000-400000) caratterizzata da genotipo 46, XY ma con resistenza agli androgeni e fenotipo femminile, oppure altri mosaicismi genetici.

Queste alterazioni possono non essere diagnosticate alla nascita ma solo nell'adolescenza per la mancata comparsa del ciclo mestruale: le donne con queste sindromi sono sterili e con ridotto desiderio sessuale. Le alterazioni endocrine geneticamente determinate, come i disordini del surrene determinando iperproduzione di androgeni in un genotipo e fenotipo femminile possono causare disordini sessuali.

Sono patologie rare ma di solito vengono diagnosticate solo nell'adolescenza. Se non sono corrette causano gravi problemi sia fisici che psicologici. La fanciulla fino a quel momento normale si troverà di statura maggiore rispetto alle coetanee, non avrà il ciclo mestruale, presenterà acne, irsutismo, talvolta con barba e baffi, potrà ingrassarsi fino a diventare veramente obesa. Anche sindromi neurologiche o malformazioni genitali quando feriscano l'immagine corporea e la percezione del Sé possono dare un calo del desiderio: avere organi genitali ambigui con macroclitoride o micropene.

2.   Primarie di origine psicosessuale: inibizioni educative, gravi carenze affettive; disturbi sull'identità sessuale; disturbi psichiatrici

maggiori precoci; conseguenze di traumi fisici o psichici, inclusi abusi fisici e sessuali nella prima e seconda infanzia.

3.	Secondarie di origine biologica: disturbi nutrizionali con conseguenze neuroendocrine per esempio le gravi anemie, o la anoressia. Anche le disendocrinie insorte in epoca postpuberale, quali l'iper-prolattinemia; disendocrinie di origine iatrogena (ovariectomia, castrazione attinica ossia da irradiazione della pelvi, o da chemioterapia): la carenza di androgeni ad esse conseguente causa la "sindrome femminile da carenza di androgeni" con calo del desiderio sessuale.

Esistono anche disendocrinie fisiologiche, come la menopausa; ma più diffusi nell'adolescenza sono quelle dovute all'effetto inibitorio determinato dall'uso di psicofarmaci o di droghe, o di alcol.

I disturbi psichiatrici maggiori insorti in epoca postpuberale, in primo luogo la depressione ed i disturbi neurologici; malattie croniche invalidanti, tra cui diabete, malattie cardio-vascolari, incontinenza; per dolore genitale possono dare un drastico calo del desiderio sessuale.

Innamoramento

Se il desiderio sessuale trova un valido orientamento si può avere l'innamoramento, se l'innamoramento è corrisposto si può concretizzare in una relazione.

Nell'innamoramento comportamenti compulsivi -anche riguardo alla sessualità- sono normali, reciproci e condivisi, sostenuti dai circuiti neurologi e dagli ormoni. L'innamoramento è una fase importante dell'esperienza di vita di ogni persona. Si caratterizza come un particolare vissuto nel quale si fondono un insieme di emozioni, sentimenti e comportamenti che agiscono determinando una speciale interazione tra due persone, che è contraddistinta da forte attrazione, affettività intensa e dal costituirsi di legami profondi.

Generalmente durante questa esperienza si proiettano nell'altra persona le nostre aspettative, i nostri bisogni ed i nostri desideri. Innamoramento e amore non sono la stessa cosa ma possono rappresentare due fasi distinte: nella prima fase dell'innamoramento vediamo nell'altra persona la parte mancante di noi stessi, ci completa, ci fa stare bene, andando spesso a soddisfare, più nella proiezione che nel concreto i nostri bisogni. In altri termini nell'innamoramento noi vediamo nell'altro quello che vogliamo vedere, quello che desideriamo, non quello che è realmente presente. La proiezione è il meccanismo con cui la madre può venire incontro ai desideri ed ai bisogni inespressi di un neonato, è quindi un meccanismo indispensabile alla nostra evoluzione. Il fatto che lo stesso meccanismo tanto antico ed essenziale sia coinvolto nell'innamoramento rende questo un'esperienza tanto importante per la nostra stessa esistenza.

L'amore invece è molto più complesso, può o meno trovare radici e nascere da questo stadio che si evolve e supera il test di realtà.

Nell'innamoramento troviamo coinvolti i circuiti serotoninergico e dopaminergico.

Il circuito serotoninergico è responsabile del controllo, ipercontrollo o chiodo fisso che abbiamo durante l'innamoramento quando non facciamo che pensare all'amato, il circuito dopaminergico è responsabile dell'amore.

La dopamina è pure importante ed è lo stesso ormone che nel processo di attaccamento madre figlio viene prodotto dall'emisfero destro del figlio in risposta alla empatia della madre e determina la simmetria delle risposte. La dopamina è fondamentale nell'innamoramento: il circuito dopaminergico viene attivato ed il serotoninergico inibito. Le aree che producono serotonina sono inibite dando vita ai comportamenti ossessivi controllanti, simili ad ossessioni caratteristici dell'innamoramento. Nell'innamoramento la serotonina si abbassa. Nella gelosia patologica si riscontrano livelli di serotonina molto molto bassa. Nel comportamento controllante, tipico del disturbo ossessivo/compulsivo la serotonina è bassa per certi versi il comportamento degli innamorati ricorda il comportamento ossessivo-compulsivo.

Il complesso gioco degli ormoni sessuali, agiscono a livello cerebrale, periferico extra-genitale e genitale, modulando l'intensità del desiderio sessuale ma non la sua direzione e quindi non determinano l'orientamento sessuale.

Lo stimolo motivazionale-affettivo trova il suo fondamento nella fantasia, nell'immaginario erotico che si unisce al bisogno di piacere, di accettazione e di amore.

Basi fisiologiche dell'innamoramento

L'innamoramento presenta uno stato regressivo, riportandoci alla condizione infantile di dipendenza riproponendo il legame bambino/care-giver, o anche come uno stato illusorio nel quale si sperimenta il vissuto esclusivo di possedere il proprio partner, oppure una fantasia di fusione totale e regressione embrionale. Nell'innamoramento è comune il pensiero ossessivo dell'altro, la compulsione a compiacere l'innamorato, a cercarlo, a non poter far a meno di lui: ciò dipende dall'attivazione del circuito serotoninergico inibitorio, come avviene nel disturbo ossessivo-compulsivo. Lo squilibrio fra il circuito serotoninergico e dopaminergico caratterizza l'innamoramento: un calo della serotonina ed un incremento della dopamina. Il fallimento del test di realtà, il comportamento ossessivo, la gelosia, la ricerca compulsiva dell'altro, sono mediati dalla serotonina.

L'eccitazione fisiologica e sessuale, e il bisogno costante e impellente dell'altro, presenti durante l'infatuazione, sono meccanismi attivati dalla elevata produzione di Dopamina, Noradrenalina e Feniletilamina, gli stessi neurotrasmettitori responsabili feniletilamina (PEA), costantemente prodotta dall'organismo, che in elevate concentrazioni può indurre gli stessi effetti dalle amfetamine (entrambe agiscono sugli stessi recettori). La sua azione, con un meccanismo ancora non noto, ha come principale effetto il rilascio di dopamina, un neurotrasmettitore, la cui attività è strettamente legata ad una rete di neuroni che genera sensazioni piacevoli in seguito a comportamenti che soddisfano stimoli come fame, sete, desiderio sessuale. Grazie a questo meccanismo, nel sistema nervoso rimane impresso il ricordo di un'esperienza positiva. Nel caso dell'innamoramento è l'associazione tra "incontro" e "piacere" che spinge il soggetto a ripetere lo stimolo che l'ha determinata, cioè entrare nuovamente in contatto con la persona responsabile dell'iniziale rilascio di feniletilamina. Allo stato di benessere determinato dalla dopamina si aggiunge un'agitazione generale determinata dalla noradrenalina, molecola diffusa nel sistema nervoso, in particolare nell'ipotalamo e nel sistema limbico, con un duplice ruolo. Come neurotrasmettitore provoca eccitazione, euforia ed entusiasmo, riduce l'appetito perché mangiare sottrarrebbe tempo per stare con la persona amata. Infine, promuove la contrazione delle vene degli organi sessuali trattiene il sangue mantenendo a lungo l'erezione. La dopamina è lo stesso ormone che nel processo di attaccamento madre figlio viene prodotto dall'emisfero destro del figlio in risposta alla madre e determina la simmetria delle risposte madre e figlio. La dopamina favorisce quindi la simmetria della risposta tra gli innamorati.

Il rapporto sessuale

L'età in cui maschi e femmine giungono ad avere il primo rapporto sessuale è variabile nelle differenti culture, nelle differenti epoche e tradizioni. In ogni caso è importante che comunque si raggiunga il rapporto sessuale in un momento di maturità sessuale effettiva e completa, in libertà e consapevolezza.

Eccitazione sessuale normale
Nelle situazioni fisiologiche l'innamoramento porta all'eccitazione sessuale, che nella donna come nell'uomo, è multifattoriale e multi-sistemica. All'eccitazione concorrono fattori biologici, psicosessuali, contesto-correlati.
In uomini e donne, l'eccitazione può essere attivata secondo tre modalità principali che riportiamo qui di seguito.
1.   L' eccitazione riflessogena, che viene generata da stimoli tattili sui genitali o sulle zone erogene, da stimoli sia auto che etero-agiti. Questo è ciò che accade comunemente nelle esperienze masturbatorie sia infantili che nelle preadolescenziali: presentano il fattore scatenante non in un vissuto ma nella stimolazione tattile.
2.   L'eccitazione psicogena, attivata da stimoli audiovisivi, olfattivi, cenestesici o da fantasie. I segnali, provenienti dalla corteccia visiva, uditiva, olfattiva e dalle aree associative, discendono fino ai centri spinali D10-L2 per attivare l'erezione o la congestione dei corpi cavernosi clitoridei e bulbo-vestibolari e la lubrificazione vaginale. Il termine psicogena indica lo stimolo cognitivo ed emotivo centrale, a genesi intrapsichica o relazionale, che la origina, estrinsecandosi attraverso l'attivazione neurobiologica di vie cortico-midollari. Questa modalità è tipica dell'adolescente e si attua di norma nelle relazioni stabili.
3.   L'eccitazione notturna, attivata a livello del sistema nervoso centrale, durante la fase REM del sonno. Nell'uomo, essa induce erezioni; nelle donne, congestione genitale e lubrificazione vaginale, in numero di due-quattro episodi per notte, a seconda del numero di fasi REM. Questa modalità è molto frequente nella pubertà.

Controllo dell'eccitazione sessuale
L'eccitazione sessuale si manifesta a tre livelli che riportiamo di seguito.
1.   Eccitazione cerebrale, con la sensazione soggettiva di eccitazione "mentale" e con l'attivazione della cascata di eventi neurochimici e vascolari che caratterizzano la risposta sessuale. Anche l'eccitazione

cerebrale è ormono-dipendente: gli androgeni svolgono un ruolo di "iniziatori" in quanto sono in grado, da soli, di attivare l'eccitazione mentale, mentre gli estrogeni agiscono come modulatori e facilitatori dell'eccitazione a livello sia centrale sia periferico.

2. Eccitazione periferica non genitale, di cui fanno parte l'aumento della salivazione, la vasodilatazione cutanea, che concorre al senso di calore e di eccitazione generale, l'incremento della secrezione sudoripara e della specifica increzione di feromoni da parte delle ghiandole sebacee, l'erezione del capezzolo, l'aumento della frequenza cardiaca, l'aumento della frequenza del respiro.

3. Eccitazione genitale: fenomeno neuro-vascolare, che risulta dalla coordinata interazione di nervi, vasi, muscolatura liscia, e provoca l'incremento della vasodilatazione e congestione genitale. Vi partecipano: nervi parasimpatici, responsabili dell'inizio e del mantenimento dell'eccitazione; nervi simpatici, coinvolti nell'orgasmo e, nell'uomo, nell'eiaculazione e nella detumescenza peniena; nervi somatici. La coppia di nervi pudendi contiene la maggior parte dell'innervazione diretta ai genitali esterni maschili e femminili.

Ricevono fibre dai segmenti sacrali del midollo: S2, S3, S4; forniscono la percezione sensoriale del perineo e terminano come "nervo dorsale del pene", o come "nervo dorsale del clitoride" con fini terminazioni che arricchiscono la capacità discriminativa di piacere di questi organi sessuali. Esistono differenze tra uomini e donne, in particolare: nelle donne, l'eccitazione genitale è favorita dagli estrogeni che sono i fattori permittenti più importanti nel consentire al peptide intestinale vasoattivo (VIP) di tradurre il desiderio in lubrificazione vaginale, mentre gli androgeni sono fattori permittenti per l'ossido nitrico (NO), il neuromediatore più importante per la congestione delle strutture bulbo cavernose vestibolari e clitoridee; nell'uomo, l'eccitazione genitale è favorita dagli androgeni, fattori permittenti per l'ossido nitrico (NO).

Essa dà luogo all'erezione: la rigidità del pene in erezione dipende dall'aumento della pressione sanguigna all'interno dei corpi cavernosi, data la non distensibilità della tunica albuginea che li avvolge.

Nella donna, il segno principale dell'eccitazione è la marcata vaso-congestione genitale, che dà luogo alla visibile congestione a livello delle labbra e alla più interna formazione della cosiddetta piattaforma orgasmica, data dall'insieme dei tessuti vascolari congesti che circondano il canale vaginale, il canale uretrale e i tessuti congesti dei corpi cavernosi.

Maggiore è l'intensità dell'eccitazione fisica genitale e mentale, più elevata è la probabilità che l'orgasmo sia intenso ed appagante.

La lubrificazione è un fenomeno neuro-vascolare: lo stimolo nervoso che arriva ai vasi sanguigni peri-vaginali facilita la formazione di un trasudato che andrà a costituire le secrezioni vaginali.

Alla lubrificazione contribuiscono anche le secrezioni delle ghiandole cervicali e quelle delle ghiandole del Bartolini, i cui sbocchi si collocano proprio all'altezza del vestibolo vulvare.

L'erezione

L'erezione, espressione dell'eccitazione genitale nell'uomo, è la fase della risposta sessuale più studiata. Per gli uomini di qualsiasi età, cultura, estrazione sociale, religione, l'erezione rappresenta un fenomeno importante nella propria vita, espressione della propria virilità, potenza, mascolinità, forza, e condiziona la propria autostima.

Oggi parla di "disfunzione erettile" come dell'incapacità di ottenere o mantenere un'erezione sufficiente a condurre un rapporto sessuale soddisfacente. In realtà anche senza dover condurre una penetrazione, il problema della qualità dell'erezione, è molto sentito dai maschi di ogni età, e pertanto la definizione soprariportata è riduttiva. Tra gli adolescenti i confronti nel gruppo dei pari che un tempo avveniva nelle docce o negli spogliatoi di qualche società sportiva, oggi avviene più semplicemente via web. Sia collegandosi direttamente con coetanei in amicizie "virtuali", sia con la mole di dati ricavati dal web, è possibile confrontarsi sulle dimensioni del pene eretto, sulla lunghezza, il calibro, la consistenza, la simmetria, sulla presenza di anomale. Questo può creare molta ansia, specie se il fanciullo non si ritiene sufficientemente dotato. L'ansia da prestazione che ne deriva, il senso di inadeguatezza, la vergogna e l'imbarazzo di non riuscire a parlarne con alcuno possono acuire e far precipitare veri e propri problemi di personalità. Le alterazioni dell'erezione sono tutt'altro che poco frequenti, e si correlano positivamente con l'età dopo la giovinezza, ossia solo il 2% degli adolescenti ne è colpito e questa percentuale resta per lo più invariata fino ai 34 anni, per giungere al 48% degli uomini a 70 anni. La correlazione con l'età si spiega con i fattori di rischio vascolare e neurologico. L'erezione si attua e si mantiene infatti grazie a meccanismi idraulici ossia vascolari, con un doppio controllo neurologico ed endocrino. Qualsiasi problema neurologico come neuropatie degenerative (aterosclerosi, parkinsonismo, demenza) o endocrinologico (poco testosterone) può interferire coi meccanismi di regolazione dell'erezione. Tra le cause vascolari che sono le più frequenti, abbiamo tutti i fattori di rischio cardiovascolare: obesità, fumo di sigaretta, sedentarietà, diabete, ipercolesterolemia, iper-trigliceridemia, ipertensione arteriosa, aterosclerosi. Il diabete risulta al primo posto potendo dare alterazioni su vari fronti: endocrino, vascolare e neurologico. Al secondo posto il consumo di alcol. L'alcol viene utilizzato per ritardare l'eiaculazione in chi presenta problemi di eiaculazione precoce, ma finisce per essere responsabile di deficit erettivo.

Coordinamento dell'erezione

Il coordinamento generale dell'erezione è così riassumibile:

1. strutture di comando dell'erezione: il cervello sogna, anticipa, attiva, controlla, modula; il midollo spinale coordina, i nervi comunicano, i vasi rispondono, i corpi cavernosi si rigonfiano, il pene diventa eretto;

2. strutture di risposta dell'erezione: stimoli e feed-back poli-sensoriali tattili, visivi e propriocettivi dell'erezione la rinforzano se adeguati, la riducono se insoddisfacenti; archi riflessi brevi - midollari-mantengono l'erezione.

Il midollo spinale comunica con gli organi genitali e con l'encefalo, coordina le informazioni; il cervello apprezza le informazioni di piacere, se l'esperienza è positiva; attiva segnali di allarme e di inibizione se è negativa e va interrotta.

Durante l'erezione, le strutture nervose innervano i corpi cavernosi ove liberano diversi tipi di neurotrasmettitori, tra cui il peptide intestinale vasoattivo (VIP), l'acetilcolina, le prostaglandine e l'ossido nitrico (NO), oggi considerato tra i più potenti vasodilatatori. I neurotrasmettitori vasoattivi provocano il rilassamento della muscolatura liscia sia delle trabecole sia delle arteriole favorendo l'afflusso di sangue.

Fasi dell'erezione

Le diverse fasi dell'erezione sono così riassumibili:

1. flaccida, in cui c'è un minimo flusso arterioso e venoso;

2. di riempimento, in cui si ha un aumento del flusso arterioso nelle arterie del pene in fase sia diastolica sia sistolica. Il pene si allunga ma la pressione intra-cavernosa rimane invariata;

3. di tumescenza, in cui la pressione intra-cavernosa comincia rapidamente a salire, mentre decresce parallelamente il flusso arterioso;

4. di erezione completa, in cui la pressione intra-cavernosa può giungere a valori pari al 90% di quella sistolica;

5. di erezione rigida: come risultato della contrazione del muscolo ischio-cavernoso, e della non distensibilità dell'albuginea, la pressione intra-cavernosa sale ben oltre quella sistolica, portando all'erezione rigida completa, che, con differente durata, precede il momento eiaculatorio;

6. di detumescenza: dopo la eiaculazione o la cessazione dello stimolo erotico, aumenta il tono simpatico che provoca la contrazione della muscolatura liscia delle trabecole e delle arteriole. Questo comporta l'espulsione di larghe quantità di sangue dai sinusoidi, riduce il flusso

arterioso ai livelli tipici della flaccidità e riapre i canali venosi. Il pene ritorna alla lunghezza e alla consistenza di base.

Alterazione dell'erezione nei giovani
Negli adolescenti le alterazioni dell'erezione sono più frequentemente legate a problemi psicologici: infatti il monitoraggio durante il sonno mostra erezioni notturne anche in chi ritiene di non averne.

L'esame per valutare la presenza o l'assenza di erezioni nell'adolescente è molto semplice, indolore, da eseguirsi al proprio domicilio nella completa privacy: si attua mettendo un piccolo cerchietto attorno al pene rilassato alla sera e rilevando dall'apertura dello stesso al mattino l'attività erettiva.

Generalmente è sufficiente questo esame, oltre alle rassicurazioni del medico dopo che il fanciullo sia riuscito a verbalizzare le sue paure: paura di essere diverso, di non essere abbastanza, di non avere abbastanza potenza sessuale, a superare il problema.

Si tratta di uno stato d'ansia da prestazione che si attenua dopo qualche esperienza positiva. Del resto, una fanciulla, specie se alle prime esperienze non ha metri di paragone, non sa cosa aspettarsi, e sarà impegnata e concentrata sulle proprie ansie.

Nel caso veramente raro di un deficit primitivo, ossia il giovane non ha mai avuto erezioni, occorreranno indagini più approfondite per escludere alterazioni genetiche, endocrine e neurologiche.

Problemi più frequenti nei giovani sono legati alle infezioni (balaniti, uretriti, prostatiti, epididimite, orchiti), che possono dare retrazioni e modificare la simmetria del glande e del pene, e all'uso di droghe e soprattutto di alcol.

L'abuso alcolico e di droghe causano deficit di erezione in ogni età, l'effetto disinibente che possiedono risulta molto gradito poiché aiuta il giovane a superare l'ansia da prestazione normale nelle prime relazioni. Come già ricordato, l'alcol ritarda l'eiaculazione per cui chi soffre di eiaculazione precoce impara a ricorrere all'alcol per ovviare da un lato all'ansia da prestazione dall'altro spera di fare durare di più la sua prestazione. Questo può funzionare per un certo tempo, ma alla lunga prevale l'effetto di inibizione della erezione.

Alterazione dell'erezione negli adulti-anziani
Anche gli adulti possono avere problemi psicologici seri e non riuscire nelle prestazioni sessuali soprattutto se, anziché il trasporto emotivo verso l'amata, prevale l'ansia da prestazione. In queste circostanze tentare una relazione con una partner diversa, magari una prostituta o da una donna da cui non ci si senta giudicati può essere d'aiuto nell'avere una erezione soddisfacente. O meglio: questo è ciò che di solito gli uomini credono di ottenere: conferme da relazioni occasionali.

Se nonostante avendo escluso il problema psicologico con questi tentativi casalinghi, il deficit persiste, occorre valutare le alterazioni vascolari.

Il diabete mellito è al primo posto nella causa di deficit erettile, l'alcolismo, l'uso di droghe.

La correzione del deficit erettile, se la terapia farmacologica non è efficace e sufficiente, può avvenire in molti modi anche con protesi per il pene, pompe idrauliche ed interventi di chirurgia vascolare.

L'orgasmo

L'orgasmo è un evento neuro-fisiologico e soggettivo, che consiste in una sensazione di piacere. È caratterizzato da sensazioni di piacere che possono essere di variabile intensità. È attivato da stimoli piacevoli genitali, somatici o mentali, è sotteso dall'attivazione di centri midollari e cerebrali e accompagnato da risposte fisiologiche, di tipo riflesso, tra cui la contrazione involontaria e ritmica del muscolo elevatore dell'ano.

Maggiore è l'eccitazione mentale e fisica, più elevata è la probabilità di raggiungere l'orgasmo in entrambi i sessi. Le modalità di orgasmo sono differenti nell'uomo e nella donna.

Orgasmo nella donna

Nella donna, la stimolazione che determina l'orgasmo sia essa auto che etero agita, si classifica in:

a) clitoridea: è sufficiente ad attivare l'orgasmo nel 90% delle donne;

b) vaginale: attiva l'orgasmo coitale, durante la penetrazione, ed è presente nel 50-70% delle donne.

Le parti più reattive includono:

l'area periuretrale;

l'introito vaginale, purché il muscolo pubo-coccigeo sia tonico e attivo;

le strutture vaginali profonde, per la stimolazione di legamenti e strutture nervose delle parti più interne del pavimento pelvico e il controverso "punto G". Il punto G descritto da Grafenberg è considerato un residuo embrionale della prostata, variamente sviluppato nelle donne, posto sulla parete vaginale anteriore. La stimolazione del punto G può dare luogo, in alcune donne, all'emissione di poche gocce di liquido, chimicamente sovrapponibile al secreto prostatico, al momento dell'orgasmo, tale fenomeno che non è indispensabile per l'orgasmo è detta "eiaculazione femminile";

c) anale, se desiderata, che attiva il muscolo pubo-coccigeo;

d) dell'areola mammaria: presente talvolta anche nelle donne che allattano;

e) cutanea e mucosa (anche un bacio), se l'eccitazione cerebrale è elevata.

Orgasmo nell'uomo

Nell'uomo l'orgasmo può avvenire per stimolazione:

a) genitale, diretta con movimenti ritmici, oppure per stimolazione indiretta, compressione tra le altre parti del corpo;
b) anale, se desiderata;
c) del capezzolo, più raramente;
d) cutanea e mucosa (anche un bacio), se l'eccitazione cerebrale è elevata.

Orgasmo notturno
L'orgasmo può essere un evento solo mentale o cerebrale, in entrambi i sessi la stimolazione genitale non è essenziale per l'orgasmo. Infatti, la stimolazione onirica può attivare, soprattutto nell'adolescenza, i centri cerebrali responsabili dell'orgasmo; nella donna può far scattare piacevolissimi orgasmi notturni.
Essi sono equivalenti, come significato, ai cosiddetti "sogni bagnati" dei maschi, in cui l'orgasmo si accompagna alle prime emissioni di sperma, dette polluzioni.
È spesso grazie a questa sorprendente sensazione notturna che la ragazza ed il ragazzo scoprono che cosa sia l'orgasmo.

Stimolazione erotica mentale
Anche la stimolazione mentale cosciente con sole fantasie erotiche, o con soli stimoli visivi, tattili o uditivi, può far scattare l'orgasmo senza alcun contatto genitale. L'orgasmo è di intensità tanto maggiore quanto più l'eccitazione mentale e fisica è potenziata da una stimolante intimità erotica.
Nelle giovani donne può essere davvero difficile raggiungere l'orgasmo e anche qualora l'orgasmo sia stato raggiunto non è detto che la fanciulla lo sappia riconoscere.
Nella donna la masturbazione è meno praticata, gli organi genitali sono nascosti l'interesse inizialmente è limitato al ciclo mestruale, solo raramente è possibile che vi sia un interesse sessuale privo di implicazioni affettive per una giovane donna.

Eiaculazione ed orgasmo
L'emissione dello sperma e la eiaculazione sono fenomeni neurologicamente mediati, che possono avvenire indipendentemente dall'erezione. Richiedono l'interazione coordinata del sistema nervoso involontario simpatico toraco-lombare e del sistema nervoso somatico.
Al culmine dell'eccitazione sessuale, la stimolazione del nervo ipogastrico superiore provoca la contrazione del collo vescicale, delle vescichette seminali e dei dotti eiaculatori: ciò comporta l'emissione del seme nell'uretra posteriore, determinando la sensazione di inevitabilità eiaculatoria ed impedisce il flusso retrogrado del seme in vescica. La successiva contrazione dei muscoli periuretrali e del pavimento pelvico,

combinata con l'intermittente rilassamento dello sfintere esterno e del diaframma uro-genitale, consente infine l'espulsione dell'eiaculato. L'intervallo di tempo tra l'introduzione in vagina e l'eiaculazione viene definito tempo di latenza eiaculatoria intra-vaginale.

Tempo di eiaculazione
Questo tempo oggi molto studiato è geneticamente condizionato ossia dipende dalle caratteristiche fisiologiche di ciascun individuo e dall'etnia di appartenenza: può variare da qualche secondo a molti minuti; l'età e i fattori psicologici possono anche triplicarlo, ma non modificarlo in senso sostanziale. Infatti, se questo tempo è geneticamente di 15 secondi potendo triplicarlo (per esempio con le terapie), otterrei 45 secondi, se è di 4 minuti ne ottengo 12.
La modulazione in senso di accelerazione o rallentamento può dipendere da fattori biologici, psicosessuali e relazionali. In taluni soggetti la precocità è talmente marcata da avvenire prima della penetrazione. Si parla in tal caso di "eiaculazione *ante-portam*" o "eiaculazione precoce".
Essa può costituire, insieme al deficit erettivo severo, una delle cause maschili di matrimonio non consumato, di grave difficoltà al rapporto sessuale. Quindi l'eiaculazione precoce è un fenomeno molto frequente e diffuso, ha una forte componente genetica, in alcune etnie colpisce fino al 38% degli uomini in età fertile (dal 18 al 40%). Unitamente ai problemi di erezione, l'eiaculazione precoce è il problema sessuale più frequente negli adolescenti e nei giovani, talvolta per ritardare l'eiaculazione gli uomini imparano a far uso di alcol subito prima dell'incontro.
Di fatto la definizione di eiaculazione precoce è ancora oggetto di discussione nella comunità scientifica: la selezione naturale a quanto pare ha selezionato individui che eiaculano in pochi secondi!
La soddisfazione femminile nel rapporto sessuale è solo da pochi anni un elemento di cui tenere conto, non ci sono regole univoche che ci dicono quanto un uomo deve far durare la propria erezione prima di eiaculare, probabilmente gli uomini potendo modulare la "durata" durante la masturbazione gradirebbero le medesime prestazioni con il/la partner.
La definizione di eiaculazione precoce che non include un tempo definito, e considera la soddisfazione femminile: una eiaculazione che non soddisfi la donna in almeno il 50% dei casi.
Il criterio temporale non è oggettivo poiché di fatto vi sono numerosi casi di insoddisfazione di coppia associati ad una tempistica superiore al minuto ma ritenuta inadeguata dall'uomo e dalla partner.
Contemporaneamente all'eiaculazione, in condizioni fisiologiche si verifica l'orgasmo, caratterizzato da una variabile sensazione di piacere.

Durante l'orgasmo la maggior parte degli uomini riconosce tre sensazioni distinte:

- una prima ondata interna di calore diffuso o di pressione pulsante, che corrisponde all'inizio dell'emissione;
- una seconda, caratterizzata dalla potente azione espulsiva delle contrazioni orgasmiche propriamente dette, per la contrazione dei muscoli periuretrali e del pavimento pelvico, che molti uomini percepiscono come la parte più piacevole dell'orgasmo;
- la terza, che coincide con il fluire del seme lungo l'uretra, percepita come un calore pulsante o una piacevole propulsione.

Soddisfazione

La soddisfazione detta anche "risoluzione" definisce l'insieme dei cambiamenti fisiologici che accompagnano il ritorno allo stato basale, dopo il rapporto o l'orgasmo.

La soddisfazione esprime il giudizio, ossia il vissuto dell'esperienza, che può variare lungo un continuum fino all'insoddisfazione. Può mancare anche in presenza di una normale risposta fisiologica, in entrambi i sessi.

Costituisce la parte più soggettiva dell'esperienza sessuale, cui concorrono l'intensità del desiderio, dell'eccitazione, la qualità del gioco amoroso ed erotico, l'intensità del coinvolgimento affettivo e/o passionale, l'effetto eccitante di trasgressioni, complicità, novità, la qualità della risposta fisica, l'intensità dell'orgasmo, nonché il contesto sessuale e il significato di quell'esperienza vissuta. Una persistente insoddisfazione può causare caduta di desiderio, inadeguata eccitazione e difficoltà orgasmiche, nonostante l'integrità dei meccanismi fisiologici che sottendono la risposta sessuale. L'insoddisfazione e anche la disfunzione possono essere appropriate se il/la partner ha a sua volta una disfunzione sessuale, o se la relazione è di franco abuso, fisico, psichico o sessuale.

Fisiologia del rapporto sessuale

In entrambi i sessi, i cambiamenti fisiologici durante il rapporto sono suddivisi nelle fasi del desiderio, dell'eccitazione, del plateau, dell'orgasmo e della risoluzione, secondo la classica definizione di William Masters e Virginia Johnson. Ad essi corrispondono i correlati somatici delle diverse fasi della funzione sessuale maschile e femminile. Il primo organo sessuale, in uomini e donne, è il cervello. Solo ora, grazie alla tomografia ad emissione di positroni (PET), e alla risonanza magnetica per immagini, è possibile visualizzare che cosa succede nel cervello durante l'eccitazione, in uomini e donne.

Fisiologia del rapporto sessuale nella donna
Il rapporto sessuale inizia con il desiderio sessuale e i suoi correlati fisici che si sovrappongono a quelli dell'eccitazione cerebrale (mentale o soggettiva). L'eccitazione determina i cambiamenti somatici: vasodilatazione cutanea e mucosa, con senso di calore diffuso. Ha inizio la lubrificazione vaginale. I due terzi superiori della vagina si allargano, la vulva diventa congesta, il clitoride si ingrossa, la cervice e l'utero si muovono verso l'alto, i capezzoli diventano eretti, le mammelle aumentano lievemente di volume, possono comparire piccole chiazze di vasodilatazione nella parte alta del torace (*skin flush*), la frequenza cardiaca e pressione sanguigna aumentano, aumenta la tensione neuromuscolare.

Fase del plateau
La lubrificazione continua, in modo variabile, si forma la piattaforma orgasmica al terzo esterno della vagina, la cervice e l'utero si elevano ulteriormente, i due terzi superiori della vagina si allungano e si espandono ulteriormente, il clitoride si retrae dietro il prepuzio clitorideo, le labbra della vulva diventano gonfie e cambiano colore, le chiazze di vasodilatazione si intensificano e si diffondono, la frequenza cardiaca e la pressione arteriosa aumentano ulteriormente, si ha un ulteriore aumento delle dimensioni della mammella. L'areola si ingrandisce, il respiro può diventare più frequente, si ha un ulteriore aumento della tensione neuromuscolare.

Fase dell'orgasmo
Inizio di contrazioni involontarie e ritmiche della piattaforma orgasmica e dell'utero, le aree di vasodilatazione arrivano alla massima estensione, incrementa la secrezione salivare, avvengono contrazioni involontarie del muscolo elevatore dell'ano, si ha un picco della frequenza cardiaca, respiratoria e della pressione arteriosa. All'acme dell'orgasmo si ha perdita del controllo muscolare volontario; ci possono essere spasmi crampiformi di gruppi muscolari a livello del viso, delle mani e dei piedi, si alza la soglia del dolore.

Risoluzione dell'orgasmo
Il clitoride ritorna alla posizione normale, 5-10 secondi dopo l'orgasmo, la piattaforma orgasmica scompare, le labbra della vulva ritornano alle normali dimensioni e al normale colore, la vagina ritorna rapidamente alle dimensioni basali a riposo, l'utero e cervice discendono alla loro posizione, pre-stimolazione. L'areola ritorna rapidamente alle dimensioni normali, l'erezione del capezzolo scompare più lentamente, scompaiono le chiazze cutanee, si ha una irregolare tensione neuromuscolare può continuare per

alcuni minuti, con involontarie contrazioni di gruppi muscolari isolati. La frequenza cardiaca e respiratoria e la pressione arteriosa tornano ai livelli pre-eccitazione. Domina un senso generale di rilassamento che generalmente manca se non c'è stato l'orgasmo. L'acuità visiva e uditiva torna ai livelli norma.

Fisiologia del rapporto sessuale nell'uomo
Il rapporto sessuale inizia con il desiderio sessuale e i suoi correlati fisici che si sovrappongono a quelli dell'eccitazione cerebrale (mentale o soggettiva). I correlati fisici del desiderio sessuale si sovrappongono a quelli dell'eccitazione: iniziano i cambiamenti somatici che consistono di seguito. Innanzitutto, la vasodilatazione cutanea e mucosa, con senso di calore diffuso, inizia l'erezione, lo scroto inizia a ispessirsi, le pieghe scrotali scompaiono, i testicoli cominciano a elevarsi, i capezzoli iniziano a diventare eretti, aumentano la frequenza cardiaca e la pressione arteriosa, aumenta la tensione neuromuscolare generale.

Fase di plateau
Aumenta la rigidità dell'erezione, il glande si ingrossa moderatamente, i testicoli si ingrossano e vengono spinti verso il corpo, può comparire un fluido pre-eiaculatorio. In circa il 25% degli uomini compaiono chiazze di vasodilatazione al torace, la frequenza cardiaca e la pressione arteriosa aumentano, il respiro può diventare più rapido, si ha un ulteriore aumento della tensione neuromuscolare. Si riducono l'acuità visiva e uditiva. Fase dell'orgasmo: inizio di potenti contrazioni involontarie di dotti prostatici, dotti eiaculatori e vescichette seminali, l'eiaculazione comincia subito dopo che la prostata inizia le sue contrazioni. I testicoli sono spinti saldamente contro il corpo. Se presenti, le chiazze di vasodilatazione al torace raggiungono il massimo. Si ha un picco nella frequenza cardiaca e respiratoria e nella pressione arteriosa. Compare la perdita del controllo muscolare volontario.

Fase di risoluzione
Perdita dell'erezione, seguita da un più lento ritorno alle dimensioni basali, i testicoli scendono nella posizione normale, lo scroto si rilassa e ricompaiono le pieghe scrotali. Si verifica il periodo refrattario, durante il quale non è possibile ottenere un'altra eiaculazione. Tale periodo è breve, qualche ora, ma comunque variabile, nei giovani, aumenta con l'età. Si ha perdita dell'erezione del capezzolo, rapida scomparsa della vaso-dilazione cutanea, scomparsa delle chiazze di vasodilatazione, una modesta tensione neuromuscolare può continuare. La frequenza cardiaca, respiratoria e la pressione arteriosa tornano ai livelli basali, pre-eccitazione. L'acuità visiva e uditiva torna rapidamente ai livelli normali.

Alterazioni dell'identità sessuale

Il transessualismo

Esistono alterazioni dell'identità sessuale di genere che vengono definite "disforie di genere" e "consistono in una persistente e forte identificazione nel sesso opposto a quello biologico[7]. Il paziente giunge a chiedere un cambio di attribuzione sessuale rispetto al sesso assegnatogli anagraficamente al momento della nascita. Presenta un forte disagio e si percepisce intrappolato in un corpo non congruo alla propria identità sessuale di genere". Il termine disforia di genere venne introdotto nel 1971 da Donald Laub e Norman Fisk e non va confuso con l'orientamento sessuale.

Il transessualismo è la condizione "paradigmatica" nella quale una persona sente di non riconoscersi nel proprio corpo, al punto da tentare di acquisire attraverso trattamenti chirurgici, caratteristiche peculiari del "sesso desiderato". IL DSM-V, ossia il Manuale Diagnostico e Statistico dei Disturbi Mentali definisce transessuale solo chi non ha psicopatologia associata, in altre parole, chi non ha un disturbo mentale. Infatti, per ottenere il consenso per il cambio di sesso occorre dimostrare di non avere psicopatologia associata.

Secondo il DSM-IV, i criteri diagnostici per identificare il disturbo dell'identità di genere sono di seguito riportati.

1.   Il soggetto si identifica in maniera intensa e persistente con individui di sesso opposto a quello biologico.

2.   Questa identificazione non deve essere semplicemente un desiderio di qualche presunto vantaggio culturale derivante dall'appartenenza al sesso opposto a quello biologico.

3.   Deve esserci l'evidenza di una condizione di malessere persistente o di estraneità riguardo al proprio sesso biologico.

4.   L'individuo non deve presentare una condizione di intersessualità (es. sindrome di insensibilità agli androgeni o iperplasia surrenale congenita).

---

7 Baldaro Verde J. Graziottin A., *L'enigma dell'identità: il transessualismo*, edizioni Gruppo Abele, Torino, 1991 ISBN 8876701605; ISBN 9788876701603

5.	Deve esserci un disagio clinicamente significativo o compromissione in ambito sociale, lavorativo e nelle relazioni interpersonali.

L'Incidenza del disturbo di identità di genere non è bassa anche sé statistiche e casistiche diverse indicano stime diverse: da 1 su 10-12.000 nati maschi e 1 su 30.000 nati femmine a 1 su 30.000 nati maschi e 1 su 100.000 nati femmine. Il malessere nei confronti della propria identità è più frequente negli uomini.

In ambo i sessi i disturbi dell'identità sessuale si esprimono lungo un continuum di disagio.

La disforia può essere:

1.	lieve ed esacerbarsi in coincidenza dell'adolescenza, per traumi affettivi (lutti di persone significative, abbandoni) e/o periodi di forte depressione;

2.	moderata: il disagio è maggiore; nella donna può esprimersi con atteggiamenti mascolini e viceversa nel maschio, senza mettere in discussione il genere di appartenenza;

3.	grave: mette in discussione la coerenza tra sesso biologico e sesso intrapsichico.

Si parla in tal caso di transessualismo, un disturbo dell'identità sessuale caratterizzato dalla convinzione precoce, permanente e irreversibile di appartenere al sesso opposto. "Sono un uomo intrappolato in un corpo di donna" questa è l'autodiagnosi con cui una donna -con fenotipo chiaramente femminile- che si sente psicologicamente maschio, chiede al medico di cambiare sesso. In questi casi giunta alla maggiore età, chi presenta questa alterazione si rivolge al medico per ottenere la riassegnazione chirurgica del sesso. Può capitare anche "sono una donna intrappolata nel corpo di un uomo", nel caso di uomini biologici, che si sentono psicologicamente donne. Il transessualismo può avere esordio precoce, nei primi due-tre anni di vita, in cui il bambino o la bambina manifesta comportamenti e preferenze del tutto appropriati per il sesso opposto: si parla in tal caso di transessualismo primario, che è per la verità molto raro. Quando compare (o esplode alla pubertà, dopo il periodo della latenza) o più tardivamente nell'adolescenza, come di fatto capita, si parla di transessualismo secondario.

Nel transessualismo primario i soggetti mantengono la "transessualità" per tutto il corso della loro vita. Nel transessualismo secondario i soggetti presentano un impulso transessuale oscillante e fluttuante, o variamente insistente.

In alcuni casi esiste anche una maggiore libertà di vivere un differente orientamento sessuale creando ulteriore confusione: eterosessuale, omosessuale o bisessuale.

Il travestitismo
In questo contesto di transessualismo incerto si inserisce il travestimento/travestitismo che può comparire durante il corso della vita e di solito esordisce nell'adolescenza. Esiste un travestitismo che "fa spettacolo" e riguarda per lo più personaggi televisivi, associato al desiderio di trasgredire e di catturare l'attenzione. Il personaggio contemporaneo di Platinette, al secolo Maurizio Coruzzi ne è un esempio.
Dal punto di vista etnologico tribù di qualsiasi continente hanno presentato il fenomeno del travestitismo variamente gestito, forse come modalità di assecondare le disforie di genere in epoca pre-chirurgica dando un senso anche alla vita di queste persone. Chi ne fa una mirabile analisi e lo scrittore Richard Green nel suo libro "il transessualismo aspetti mitologici, storici ed etnologici", Casa Editrice Astrolabio, Roma 1968) a cui si rimanda.

Le alterazioni dell'identità di ruolo
L'identità di ruolo, relativa al vissuto del proprio ruolo sociale, maschile o femminile. Oggi è un aspetto "fuori moda" infatti è possibile per un uomo svolgere un lavoro tradizionalmente considerato femminile, come aver cura della casa, dei figli, farsi mantenere dalla moglie e viceversa, per una donna fare un lavoro "maschile", come dirigere una azienda o intraprendere la carriera militare. È il "vissuto" ossia come la persona percepisce questa possibilità, che la rende positiva per l'identità sessuale, nel senso di ampliare la possibilità di espressione personale, oppure conflittuale e problematica fino a giungere ad un vero e proprio disagio interiore. Si può infatti arrivare al rifiuto del ruolo maschile o femminile. Le alterazioni di ruolo sono scatenate dal cattivo rapporto con il genitore dello stesso sesso e dalla mancanza o dal non completamento, del processo di identificazione con lo esso.

Le alterazioni dell'identità di orientamento sessuale
L'identità di orientamento sessuale[8]. Si tratta di come si orienta il proprio desiderio o "méta sessuale", su un partner, oggetto di desiderio, dello stesso sesso: orientamento omosessuale; oppure del sesso opposto: orientamento eterosessuale. In una stessa persona il desiderio e il comportamento sessuale possono essere presenti in entrambe le direzioni: si parla in tal caso di orientamento bisessuale. La difficoltà che più

---

[8] Graziottin A., *Educazione sessuale - Tutto quello che dovete sapere se avete un figlio adolescente*, Giunti Editore, Firenze, 2010 ISBN 8844039214

frequentemente si incontra nell'adolescenza è quella di riconoscere ed ammettere il proprio orientamento sessuale per chi presenta un orientamento omosessuale. I problemi sono di ordine famigliare, culturale, sociale. Queste difficoltà potranno portare al rifiuto della attività sessuale in toto, alla repressione di ogni desiderio sessuale, fino a situazioni di isolamento sociale.

Gli unlabelled

È nell'identità sessuale che si concentrano la maggior parte delle alterazioni psicosessuali dell'adolescenza. Innanzitutto, esiste la possibilità di non avere un definito e preciso orientamento sessuale, chiamando *"unlabelled"* ossia "senza etichetta" questa disposizione. A questo punto anziché di orientamento sessuale parliamo di disorientamento sessuale. Queste persone si percepiscono molto duttili in materia di orientamento sessuale rivendicando il diritto ad "amare chi mi piace" senza doversi definire una categoria rigida: omo-etero-bisex. Difficile dire fino a che punto lo stato *unlabelled* si possa definire ancora fisiologico o se si sconfini nella patologia, o come più probabilmente possa trattarsi di una fase dell'adolescenza piuttosto dilatata che prelude l'orientamento sessuale vero e proprio. Di fatto è un problema del tutto recente. Se fino a qualche decennio fa era frequente che gli adolescenti magari omosessuali vivessero in modo conflittuale il proprio orientamento sessuale e si definissero "senza etichetta" oggi questo accade anche al di fuori ed al dì là dell'omosessualità. Sicuramente da un lato le difficoltà ad essere accettati come diversi sono ancora presenti, e la "quasi banalizzazione" del proprio orientamento è forse un meccanismo di difesa.
È più facile sostenere: "non so cosa sono, non mi puoi etichettare, non mi puoi catalogare" che ammettere di essere gay o lesbiche. Molti degli *unlabelled* infatti modificano il proprio orientamento sessuale verso una relazione chiaramente etero, soprattutto le donne, per gli uomini poco meno del 50% degli ex *unlabelled* optano per una relazione omosessuale. Parrebbe quindi che l'essere senza etichetta possa far parte di un processo fisiologico della crescita e della maturazione dell'orientamento sessuale dell'adolescente, tanto più che nella nostra società comportamenti adolescenziali si protraggono oltre il II e il III e talvolta il IV decennio di vita.

Considerazioni sulle alterazioni dell'identità sessuale

Non riusciremo a parlare in questa sede di pedofilia, feticismo, frotterismo, sesso con animali, masturbazione compulsiva, ninfomania, efebofilia, turismo sessuale, perché sconfineremmo in settori molto più complessi e sicuramente patologici.

Ascoltando le storie di giovani adulti sconsolati alla ricerca della propria identità sessuale magari al terzo fallimento matrimoniale, oppure in cerca di abitudini sessuali estreme e sicuramente patologiche riusciamo a comprendere le nostre parti più oscure. Quello che però possiamo fare è una prima riflessione su un fenomeno sicuramente diffuso che credo possa aiutarci a comprendere la difficoltà di molti ad accettare la propria componente omosessuale, grande o minima che sia.

Per fare questo credo si debba di necessità scendere nel pratico e nell'erotico ed accettare con umiltà anche il punto di vista delle donne e degli uomini che di professione vendono il proprio corpo per soddisfare gli impulsi sessuali altrui in cambio di denaro.

Di fatto le prostitute ed i transessuali per prostituzione, possiedono un'esperienza che agli studiosi, troppo impegnati a leggere manca. Iniziamo con alcune osservazioni di massima:

I clienti di prostitute sono quasi esclusivamente uomini.

Le prostitute donne, raccontano che agli uomini italiani piace il sesso anale attivo ed il sesso orale passivo e chiedono per lo più questi due tipi di prestazioni sessuali.

Fenomeno noto ed importante nella prostituzione è il transessualismo delle prostitute, praticato non sempre per motivi di "disforia di genere" ma più per questioni di marketing. I transessuali, uomini 46 XY, modificano il proprio corpo per motivi di prostituzione, mantengono il pene, ma grazie ad ormoni e alla chirurgia possono esibire caratteri sessuali secondari femminili: grandi mammelle, gambe depilate, labbra sensuali e carnose, capelli con tipico scalpo femminile, niente barba, niente baffi eccetera.

Cosa cercano gli uomini in un transessuale che in una donna o in un uomo non possono trovare? Ecco alcune risposte che abbiamo trovato, consapevoli di non aver esaurito con queste tutto l'argomento.

L'aspetto femminile rassicura di fronte alla propria virilità: mi piacciono le donne, non sono un gay.

Il fatto che non possiedano organi sessuali femminili li obbliga a confrontarsi con il pene di un altro con cui "misurarsi" risultando vincitore (e visti gli ormoni femminili di cui sono imbottiti i trans, non è difficile da immaginare).

Il fatto di dover per necessità, (non avendo il trans una vagina) praticare o subire sesso anale li solleva dal dover scegliere e sentirsi giudicato, nella soddisfazione del piacere erotico che più incuriosisce ed attrae.

L'alternativa al sesso anale è il sesso orale che pure gratifica immensamente il cliente perché non solo esibisce la propria prestanza, ma anzi la esaltata.

La componente omosessuale che in varia misura è presente in ciascun uomo può essere appagata e i trans raccontano che dopo le prime esperienze di sesso anale attivo questi uomini arrivano a chiedere il sesso anale passivo completando l'esperienza.

Non sono in grado di dire se come per gli *unlabelled* anche per i clienti di prostitute trans ci sarebbe di fondo una mancata accettazione del proprio orientamento omo-sessuale. Forse è questo il legame che confonde i fenomeni e che talvolta trascina l'omosessualità di per sé non patologica nel novero dei comportamenti trasgressivi, da imitare, mettere all'indice, esibire o farne crociate pro o contro.

Fisiologia e patologia della sessualità umana

Fisiologia	*Patologia*
Sesso biologico:	disordini della differenziazione e dello sviluppo sessuale: intersessualità
Normale sviluppo maschile e femminile	
Identità sessuale: **di genere (maschio/femmina)**	alterazione dell'identità sessuale disforie di genere transessualismo, travestitismo
di ruolo (materno/paterno)	disadattamento ai ruoli
di orientamento omosessuale, bisessuale, eterosessuale	difficoltà a vivere il proprio orientamento sessuale
Funzione sessuale: desiderio eccitazione orgasmo eiaculazione (nel maschio) soddisfazione	Disturbi: del desiderio sessuale dell'eccitazione sessuale dell'orgasmo dell'eiaculazione della soddisfazione sessuali caratterizzati da dolore
Relazione di coppia: eterosessuale omosessuale	Patologie della relazione di coppia sia omo che eterosessuale

Da Brucio Per Te cap. Sessualità e fisiopatologia sessuale, Aceranti et al.. Ed EFBI, 2014.

Tabella riassuntiva della fisiologia e patologia della sessualità umana

Funzione della masturbazione

Le funzioni della masturbazione si modificano nel corso della esistenza, anche la ricorrenza della stessa subisce notevoli modificazioni con l'età, ed esistono inoltre ampie oscillazioni individuali e culturali.

Funzione conoscitiva
La masturbazione ha una funzione conoscitiva del proprio corpo e della sua complessità nelle prime fasi della vita.

Funzione addestrativa
Nella preadolescenza ha funzione di tipo addestrativo in preparazione all'atto sessuale.
Nelle ragazze sperimentare l'orgasmo con la masturbazione sicuramente favorisce il raggiungimento della soddisfazione sessuale durante il rapporto eterosessuale nell'età adulta.

Funzione sostitutiva
La masturbazione è un ottimo surrogato del rapporto sessuale quando per ragioni contingenti questo non sia possibile. D'altra parte, con la masturbazione si attivano gli stessi circuiti cerebrali che portano all'orgasmo nella relazione a due. La masturbazione reciproca può essere un surrogato accettabile dell'atto sessuale completo quando per motivi di ordine diverso questo non può avvenire in modo completo.
Nell'anziano può essere un elemento di gratificazione in un momento della vita in cui talvolta la solitudine condiziona in senso negativo ogni istante.

La masturbazione nella disabilità
Nel secolo scorso le confidenze raccolte dalle madri di disabili gravi, fisici e mentali, rivelavano uno scenario tutt'altro che consolante. Spesso le madri per calmare i propri figli disabili in preda al bombardamento ormonale dell'adolescenza giungevano a masturbarli o peggio ad offrirsi come partner sessuale. Questo creava nella madre sensi di colpa indicibili, favoriva un rapporto morboso e simbiotico tra i due, creava fratture nelle famiglie.
Negli ultimi 30 anni le formulazioni farmacologiche di anti-androgeni, per esempio, sempre più versatili, come i cerotti con assorbimento tran-cutaneo, costante, e di facile somministrazione e gestione, hanno consentito di modulare i bisogni e gli impulsi sessuali in modo da non rendere più necessario questo genere di sacrificio materno.

Non abbiamo elementi per esprimere un giudizio sulle nuove proposte relative all'introduzione della figura dell'assistente sessuale. Tale professionista dovrebbe provvedere ad educare anche in modo diretto e concreto circa i bisogni sessuali delle persone con gravi disabilità.

Il fatto che si riesca a discuterne e si riconosca come necessità la soddisfazione della pulsione sessuale è sicuramente un passo avanti, quale vantaggio concreto possa portare l'introduzione di questa figura professionale nella vita dei disabili gravi non è dato di sapere.

La figura dell'assistente sessuale

*La figura dell'assistente sessuale[9] per disabili, è presente in alcuni Paesi europei, in Svizzera ad esempio, ma non è riconosciuta in Italia, nonostante negli anni siano state presentate **due proposte di legge** (una nazionale che attende al Senato dal 2014 ed una regionale, in Lombardia).*

Tale figura disciplinata da una normativa e da un albo professionale, richiede una formazione specifica che viene erogata da un corso già attivo. Tale corso comprende anche lezioni di sessuologia, conferisce il titolo di: "Operatori all'emotività, all'affettività e alla sessualità delle persone con disabilità".

Alla fine del corso, i partecipanti si iscriveranno a un albo privato, quello dei "Love giver" sottoponendoli a una serie di test e esami "potranno svolgere la propria attività privatamente, nei propri studi o a domicilio".

In assenza di un quadro legislativo di riferimento, tuttavia, il rischio è l'associazione, indebita, dell'attività di assistenza sessuale alla prostituzione: "Un accostamento che non ha motivo di esistere – dice Maximiliano Ulivieri, fondatore dell'albo privato Love giver– Se lo scopo della prostituta è quello di fidelizzare il cliente, il compito dell'assistente sessuale è, al contrario, quello di aiutare gli altri ad apprendere la propria sessualità ed essere indipendenti".

---

[9] Silvia De Santis | 1 Settembre 2017, il fattoquotidiano.it-i diritti.

Equivalenti compulsivi della masturbazione

Un'interferenza grave verso la masturbazione infantile produce equivalenti compulsivi della stessa:

- onicofagia compulsiva,
- sputare e trattenere lo sputo tra le labbra,
- giocare con la saliva e le labbra facendo bollicine,
- dondolarsi ritmicamente,
- accarezzarsi ritmicamente,
- battere la testa ritmicamente contro le mani o contro una superficie dura.

Un'interferenza grave verso l'attività autoerotica infantile può anche comportare il passaggio alla masturbazione compulsiva stessa oppure a comportamenti ossessivi che non hanno nulla a che fare con la sessualità, oppure a comportamenti ripetuti che riescono ad alleviare il senso di colpa inevitabile in questi casi, a comportamenti litigiosi in cui vengono ingigantite situazioni inoffensive nell'ambiente scolastico o famigliare, con fraintendimenti costanti e reiterati.

L'analisi delle fantasie che si accompagnano all'atto masturbatorio ha da sempre avuto un valore conoscitivo, diagnostico e terapeutico nell'analisi dell'inconscio della persona.

La gestione del senso di colpa risulta tanto importante quanto l'analisi degli equivalenti dell'atto stesso.

L'odio ed il rifiuto per il proprio corpo, l'impotenza di fronte alle fantasie, la sensazione di essere indegni sono idee ricorrenti.

L'attività legata alle funzioni escretorie ed evacuative può avere una funzione surrogata rispetto alla masturbazione: ad esempio trattenere le feci in ampolla rettale prolungando la stimolazione anale e perianale della defecazione, oppure manipolando digitalmente l'area perianale, oppure interrompere e trattenere il flusso di urina, possono dare una stimolazione genitalmente orientata che ne rappresenta un equivalente.

La masturbazione infantile e stili genitoriali

Si è detto che nei bambini piccoli la masturbazione ha una funzione conoscitiva del proprio corpo e della complessità delle zone genitali.

I genitori dovrebbero non favorire né scoraggiare nel bambino la masturbazione infantile, semplicemente assecondarla come una normale tappa dello sviluppo della conoscenza e dell'utilizzo dei genitali.

Enfatizzare la masturbazione infantile può caricare i gesti del bambino, di per sé naturali e spontanei, di emozioni che il bambino stesso non sa come collocare: imbarazzo, vergogna, disgusto, rabbia, disappunto e disapprovazione che l'adulto non è consapevole di mostrare. Il bambino recepirà ogni minima sfumatura delle emozioni mostrate dai genitori e le assocerà al piacere sessuale.

Imbarazzo e vergogna

Se di fronte ai gesti autoerotici del bambino, ci mostreremo imbarazzati, il bambino assocerà l'imbarazzo alla masturbazione: "la masturbazione è qualcosa di riprovevole, che provoca nei miei genitori imbarazzo".

Anzi inizialmente non saprà quale sia la natura della sensazione che sta provando, "quel qualcosa piacevole, che sto provando, e che mi dà gioia e mi impegna, non piace ai miei genitori è sconveniente".

Se l'imbarazzo non viene superato, oltre a questa emozione -imbarazzo- che per sua natura è istantanea, può strutturarsi un sentimento persistente quale la vergogna per il proprio corpo, e per tutto quello che è attinente alla sfera sessuale. Di per sé trattandosi di sesso in un contesto come il nostro piuttosto repressivo, l'imbarazzo è emozione piuttosto scontata, associare alla masturbazione la vergogna invece è diverso: "i miei genitori non mi approvano si vergognano di me", "mi devo vergognare di questi gesti, che comunque sono istintivamente spinto a compiere. Pertanto, non devo compierli o se voglio farlo lo farò di nascosto".

Irritazione, rabbia

Se di fronte ai gesti autoerotici, ci mostreremo irritati, il bambino assocerà la nostra rabbia alla masturbazione: "la masturbazione è qualcosa di veramente grave, sconveniente, che fa arrabbiare i miei genitori" e come tutto quello che può generare rabbia ha in sé una pericolosità. La masturbazione andrà evitata, oppure dovrà avvenire in modo nascosto. Il fatto interessante è proprio questo: il bambino percepirà disapprovazione e si nasconderà. Ha inizio anche grazie a questo passaggio la fase di separazione tra il bambino ed il suo *care-giver* primario. Se vuole proseguire nelle esplorazioni intime dovrà farlo di nascosto.

Se la rabbia che dimostriamo è eccessiva il messaggio che passa sarà di pericolo, di gravità: la sessualità è pericolosa.

Proibizione, divieto

Se poi i genitori rincareranno la dose, ribadendo la loro disapprovazione anche verbalmente e sottolineeranno la sconvenienza dei comportamenti autoerotici più e più volte, il bambino oltre a doversi nascondere, proverà il senso di colpa. Ancor peggio se si ricorrerà alla punizione o al divieto delle attività autoerotica: si creerà la precoce associazione tra sessualità e senso di colpa. Poiché le funzioni sessuali sono normali, gli impulsi sono naturali il bambino continuerà a desiderare la sessualità ed interiorizzerà che il suo stesso essere è sporco, ed indesiderabile.

Derisione, irrisione pubblica

I genitori possono deridere pubblicamente il bambino, avere un atteggiamento chiaramente svalutativo se non proprio sprezzante, non vietano di fatto la masturbazione ma l'atteggiamento è chiaramente di derisione e di svilimento. Si creerà in questo caso la precoce associazione tra sessualità e senso di vergogna: il sesso è qualcosa di cui ci si deve vergognare. Oppure il sesso è una debolezza umana che va evitata, che è propria delle persone che non hanno carattere.

Enfatizzazione

Un errore "opposto" che si può fare di fronte ai gesti autoerotici, è l'eccessiva enfatizzazione, magari commentando pubblicamente, richiamando attenzione generale su un evento che per sua natura deve essere privata e personale. Questo comportamento caratteristico delle "famiglie porte aperte" impedisce un corretto sviluppo del sé, impedisce la fase della separazione tra soggetto e *care-giver*. La dimensione personale, intima e quella pubblica del bambino non saranno percepite come distinte, ma vi sarà confusione. Non sarà proprio chiaro cosa si potrà fare in pubblico e cosa appartiene invece alla sfera del privato, e la prima evidenza di questa confusione sarà in occasione dell'ingresso nel gruppo dei pari. Il bimbo esporterà tra i compagni di scuola atteggiamenti che in famiglia sono approvati e suscitano ilarità, di fatto nel gruppo dei pari sarà irriso e messo in grande imbarazzo.

In contesti sociali il bambino potrà mostrare inadeguatezza e fragilità, con reazioni fobiche e di fuga, oppure al contrario potrebbe divenire un esibizionista, ricercando in modo compulsivo di mettersi in mostra.

I comportamenti esibizionistici potranno coinvolgere anche gli atti masturbatori o l'emulazione dell'atto sessuale con riproposizione in pubblico di scene e posizioni, oppure creare tensione e ricerca di forme più o meno mascherate di masturbazione.

Regole e ricatto affettivo

La masturbazione è un atto privato che può essere agito in privato. Il bimbo apprende le regole del viver comune già nei primi anni di vita, e le regole devono essere apprese ed agite già nei primi anni di vita, con gradualità e condivise nella famiglia. Le regole non devono essere imposte ma proposte, possono anche essere discusse, ogni regola e ogni limite fissato deve essere proporzionato all'età del fanciullo.
La trasgressione della regola non deve mettere a rischio il rapporto in sé. Anzi nella famiglia si può sperimentare l'errore, la violazione della regola, e la punizione se proprio necessaria, non deve incrinare il rapporto o sgretolare la persona. La crescita prevede anche la caduta, il fallimento, i tentativi, il reciproco aiuto, l'empatia, la condivisione…..

L'imbarazzo e l'empatia
Nel caso dei primi fallimenti il bimbo sperimenta l'imbarazzo: lo sguardo materno dovrebbe essere sufficiente per comunicare il disappunto per il fallimento o la trasgressione dalla regola. Se il bimbo mostra imbarazzo per la propria incapacità nello svolgere un compito o nell'attenersi ad una regola o nel rispettare un limite la madre dovrà avere comprensione per la circostanza, essere empatica verso lo stato d'animo del figlio. Il suo imbarazzo dovrebbe essere una punizione sufficiente.
Ad esempio: stiamo insegnando al bimbo ad usare il vasino….si sporca, è normale che accada, non ha senso punirlo, il mio disappunto per doverlo pulire e per il fatto che non è riuscito a tenersi pulito sarà sufficiente come «punizione».

Genesi del ricatto affettivo
Restando nell'esempio sopra riportato, il fallimento di un fatto privato è bene sia gestito in modo contenuto, privato, a porte chiuse.
Se estremizzo o spettacolarizzo la cosa rendendola da fatto privato madre-figlio fatto pubblico introduco un elemento di «esibizione» che poi dovrò in qualche modo gestire.
Se punisco o umilio o sgrido o mi arrabbio lego una funzione fisiologica ad una emozione di rabbia, paura, ansia che potrà reprimere le funzioni fisiologiche creando ulteriori problemi che poi dovrò affrontare.
Se chiedo che si tenga pulito in cambio di qualche favore, o regalo, introduco la dimensione del baratto che non dovrebbe avere luogo nelle funzioni fisiologiche che sono naturali e non legate *al dare per avere.*

Se in questo «baratto» ci metto da un lato anziché un oggetto, o un regalo, l'affetto, e dall'altro la cosa che voglio ottenere, nel nostro esempio il tenersi pulito, carico lo scambio di una connotazione emotiva importante, gettando le basi del ricatto affettivo.

«Se non ti tieni pulito non ti voglio più ti rifiuto».

La dichiarazione di rifiuto non deve necessariamente essere esplicitata o verbalizzata, anzi i bimbi comprendono molto bene il linguaggio non verbale, capiscono al volo le intenzioni del *care-giver*.

Il ricatto affettivo è una forma di manipolazione affettiva che coinvolge la sfera emotiva della persona, in questo caso del fanciullo ad opera del care-giver, la persona non è rispettata, ma raggirata, il care-giver fa leva su sentimenti di colpa e di vergogna per assoggettarla.

Vergogna e senso di colpa

La vergogna di solito richiama una dimensione pubblica: la presenza di un terzo, di uno spettatore di fronte al quale il bimbo sarà svergognato.

Una certa vergogna è fisiologica, se ci accade di non essere all'altezza di una situazione, proviamo disagio, imbarazzo e vergogna.

Se l'umiliazione è grave e l'organismo è giovane con un sé non ancora ben consolidato ne deriva una ferita nel narcisismo del bimbo. Se la vergogna diventa intollerabile si parla di vergogna tossica. La vergogna tossica impedisce alla persona di ripresentarsi in pubblico dopo una *defaiance*, può indurre al suicidio, a desiderare di essere morto, al ritiro sociale.

Il senso di colpa invece ha a che fare con la trasgressione in sé, con la disobbedienza alla «voce rimproverante interna» che rappresenta il *dictat* genitoriale.

Una certa dose di senso di colpa è normale, direi fisiologica: siamo dispiaciuti di aver ferito una persona amata.

Quando il senso di colpa paralizza la persona, diventa continuo, impedisce una vita serena allora si parla di senso di colpa pervasivo.

Elementi essenziali del ricatto affettivo

Nella minaccia, diretta ma più spesso indiretta, di punizione, nel caso non siano rispettate le attese materne, viene messo in discussione il rapporto stesso nella sua dimensione affettiva: la paura di perdere l'amore del genitore, il senso di colpa pervasivo, la sottomissione al genitore sono gli altri requisiti.

Perché il ricatto affettivo abbia luogo è necessario quindi un rapporto di amore e di dipendenza.

Il ricatto affettivo di solito si associa al doppio legame e ad altre modalità patologiche della relazione come l'ipercontrollo, il rifiuto, la cecità emotiva, il disprezzo. Riassumendo perché si strutturi un ricatto affettivo è necessaria una sequenza di eventi che riportiamo qui sotto.

- Rapporto significativo genitore o *care-giver* e bimbo, figlio, accudito.
- Attese, richieste del *care-giver*, del genitore, più o meno esplicite non necessariamente condivise dal figlio.
- Minaccia più o meno esplicita da parte del *care-giver* di privare il figlio del suo amore.
- Senso di colpa pervasivo o vergogna nel figlio per non essere riuscito ad attenersi alle richieste del *care-giver*.

Ostentazione dell'amore

Talvolta i genitori ricattanti «amano» davvero in modo teatrale il proprio figlio, ostentano gesti di affetto. Si prendono grande cura di lui, e dimostrano il loro amore in modo molto esplicito. In caso di figlio particolarmente dotato, o di successo del figlio arrivano a idolatrarlo, idealizzandolo, esaltandone le doti anche in modo eccessivo e fuori luogo.
In tutto ciò manca la dimensione *gratuita*, la relazione *è un dare per avere*.
La moneta di scambio è l'affetto. I meccanismi si attuano in modo inconscio.

Dipendenza affettiva

Una relazione incentrata sul ricatto affettivo utilizza la conoscenza intima del figlio per assoggettarlo, e vincere le sue istanze di indipendenza.
Un figlio che non si ribella al ricatto affettivo sarà eternamente dipendente dalle ingerenze materne oppure potrà passare da una dipendenza all'altra: dalla madre alla fidanzata, alla moglie.

Senso di colpa

Nel ricatto affettivo si attivano 2 stati affettivi importanti quali in primis il senso di colpa e la vergogna.
Il senso di colpa si accompagna all'angoscia allorché il paziente abbia agito o abbia intenzione di agire in contrasto con i canoni morali del Super Io. Ciò che resta quando l'ansia e l'angoscia si placano è un pervasivo senso di colpa. Il senso di colpa viene riferito a qualsiasi accadimento: per l'uso del denaro, per la scelta e la consumazione del cibo, sono i più diffusi. Concedersi vacanze, viaggi, shopping poi ancora peggio, genera sensi di colpa insostenibili.
Nei casi più gravi il paziente si sente in colpa per il solo fatto di esistere, ho diritto di vivere?
Oppure il senso di colpa è mascherato da richieste di scuse non necessarie, rituali, o da circonlocuzioni che hanno il medesimo significato: chiedo scusa perché esisto, perché sto respirando. Posso respirare? Ho fatto qualche cosa che non va? Sei arrabbiato con me?

Vergogna

La vergogna viene attivata nel momento in cui il paziente teme di essere messo in ridicolo, di sentirsi stupido o inadeguato. Questi stati comuni a tutti nei pazienti psicotici possono caratterizzare la personalità e pervadere completamente l'Io impedendone le normali relazioni.

La vergogna ha attinenza con la sfera sessuale pertanto è un sentimento che può comparire con la scoperta del proprio corpo, con i primi atti sessuali, con la masturbazione. In questi casi infatti senso di colpa e vergogna risultano associati.

Ipercontrollo e sessualità

Ossitocina ormone della fiducia

Dall'analisi del comportamento delle madri con i loro figli appena nati si possono trarre notevoli informazioni per esempio riguardo alla "memoria del neonato". Innanzitutto, come è stato dimostrato dal pediatra Thomas Berry Brazelton (1919 US- vivente) filmando un gruppo di madri intente a nutrire e tenere tra le braccia la loro bimba neonata, ciascuna avrà un modo proprio e personale per porgere la mammella, per guardare, sostenere, cullare la neonata, modo che viene memorizzato dalla figlia neonata. Infatti, dopo 20 anni quando le neonate erano diventate madri a loro volta Brazelton filmava nuovamente la scena con le nuove neomamme ed era stato sorprendente valutare come le mamme tenessero in braccio il neonato nello stesso identico modo in cui erano state loro stesse tenute in braccio. Siamo fortemente condizionati nel nostro comportamento dai nostri ricordi inconsci. I ricordi inconsci possono essere positivi e farci amare la vita o traumatici e distruttivi. Questi ricordi hanno una base fisiologica che consente l'attaccamento madre/figlio e sono stati attentamente studiati. Se il neonato viene accolto alla nascita in modo amorevole, per esempio col cosiddetto "parto dolce" o con qualsiasi altro metodo che tenga conto di lui come persona: abbracciato, consolato se piange, posto subito accanto alla madre, allattato immediatamente, oltre ad avere ricordi inconsci positivi, indurrà nella madre la secrezione di ossitocina.

L'ossitocina agisce in vari modi: sull'utero favorendo il secondamento (distacco della placenta), e riducendo le perdite ematiche post-partum, quindi salvaguardando la salute materna. L'ossitocina agisce sulla ghiandola mammaria favorendo la secrezione di latte, e sul cervello nel sistema limbico. Proprio sul cervello l'ossitocina agisce favorendo la capacità di empatia, e di comprensione dello stato d'animo altrui. È detta anche *ormone della fiducia* poiché provoca l'atteggiamento di essere maggiormente disponibili e cordiali. L'ossitocina favorirà l'attaccamento e la madre risponderà in modo empatico alle richieste del neonato.

Emozioni presenti alla nascita

Già alla nascita il bimbo può provare l'innato riflesso di sorpresa in risposta a forti rumori o alla mancanza improvvisa del sostegno fisico (riflesso di Moro).

Il bimbo cerca il contatto con gli occhi della madre mentre è allattato al seno. Esprime, se non proprio gioia, certo serenità e tranquillità quando sazio se ne sta in braccio alla madre. Può esprimere la rabbia se gli viene impedito ogni movimento, può esprimere la tristezza, generalmente con il pianto inconsolabile, se gli viene sottratto il capezzolo mentre ha fame. Successivamente potrà manifestare anche la paura. La madre facendo da specchio al neonato ossia imitando le espressioni di questo, mostrerà al piccolo l'espressione corrispondente all'emozione provata e questa simmetria e reciprocità è alla base del normale apprendimento e sviluppo emozionale.

Il ruolo centrale dell'esperienza affettiva nell'apprendimento
Un bambino accolto, trattato e cresciuto con amore, rispettato nelle sue proprie esigenze, a cui gli adulti si rivolgono con affetto, gentilezza, comprensione, sollecitudine apprenderà per imitazione gli stessi atteggiamenti. La quotidianità dei gesti crea l'abitudine, il modo in cui lo si allatterà, lo si terrà in braccio, lo si vestirà, lo si cambierà, si farà il bagnetto o gli si farà "fare la nanna" farà la differenza. Le interazioni precoci con la madre influenzano direttamente lo sviluppo cerebrale regolando nel figlio i livelli di dopamina e di noradrenalina. Tali mediatori chimici sono secreti in seguito all'interazione mimica sincrona tra madre e figlio. La sincronia e la reciprocità dello sguardo generano nel cervello, in particolare nell'emisfero destro del bambino, stati emotivi piacevoli che favoriscono l'attaccamento come propone Allan N. Schore (1943 New York-vivente) psichiatra, nel suo libro "I disturbi del sé. La disregolazione degli affetti" 1994.
Schore, ha fornito un importante contributo neuro-scientifico localizzando nell'emisfero destro il sistema che regola il comportamento di attaccamento, confermando così l'ipotesi di Bowlby, il quale aveva postulato l'esistenza nel cervello di un tale sistema di controllo. Secondo Schore anche tutte le forme di psicoterapia (dinamica, cognitiva, comportamentale, ecc.) promuovono un miglioramento della regolazione affettiva reso possibile solo allorché il paziente ha un'esperienza affettiva" in presenza del terapeuta.

L'importanza dell'empatia tra madre e figlio nello sviluppo normale
Studi sperimentali in diversi ambiti disciplinari forniscono importanti dati sui processi emotivi, mentre gli studi clinici sottolineano la centralità delle emozioni in tutte le relazioni umane, compresa la relazione terapeutica. Esistono secondo Schore emozioni di base come gioia, sorpresa, paura, rabbia, tristezza, che compaiono in ogni individuo precocemente e si manifestano soprattutto con espressioni facciali tipiche. Ed emozioni più complesse come la vergogna, l'invidia, la colpa, l'orgoglio, la gelosia che invece, appaiono più tardi, nel corso dello sviluppo, in quanto dipendono da particolari esperienze sociali. Le altre fasi proposte da Shore non sono

tanto differenti da quelle postulate da Bowlby circa la teoria dell'attaccamento. Intorno ai 2-3 mesi compaiono i primi segni di percezione organizzata sotto forma di risposta di sorriso allo stimolo visivo del viso materno, del tono della voce materna, del contatto materno e dell'odore della madre. In seguito, il bimbo impara a sorridere a qualsiasi volto umano anche non materno. Non si tratta ancora di una risposta sociale perché gli risulta ancora indispensabile un rapporto privilegiato e soddisfacente con la madre. Il bimbo esprime il suo disagio proveniente da stimoli interni (fame, sete, sonno, dolore) ed esterni (indumenti sporchi, freddo) con il pianto e la madre consola empaticamente questo pianto, contenendolo ed assecondando le necessità. Tra i 6 e gli 8 mesi riconosce la madre e ricorda il volto materno. Tra gli 8 mesi e 1 anno di vita l'assenza della madre causa rabbia e pianto nel bambino, la presenza materna viene identificata come indispensabile per il suo benessere. La madre può rendere più sopportabile il distacco dalla vista del neonato mantenendo con lui un contatto vocale. Dalla capacità della madre di rendere sopportabile il distacco con empatia, di comprendere ed accogliere gli stati d'animo del figlio ne conseguirà molto della capacità del figlio di sopportare le sconfitte, i distacchi, le frustrazioni. Il momento del distacco e del ricongiungimento deve essere regolato dalla madre che renderà sopportabile il distacco con l'empatia.

Inizierà contestualmente a questa fase i il processo di apprendimento del controllo degli sfinteri che concluderà la fase di autonomizzazione. La madre con il suo intervento nell'educazione all'apprendimento di questa fase agirà il suo controllo sulle funzioni più personali ed intime del figlio. Premierà il successo con maggiore o minore enfasi, punirà, renderà piacevole o sgradevole il momento del cambio, saprà far fronte agli insuccessi, sosterrà il bambino nell'imbarazzo che i piccoli fallimenti determineranno. Il processo di identificazione/separazione si conclude entro il terzo anno di vita con l'acquisizione di queste facoltà: poter sopportare il distacco materno ed apprendere il controllo degli sfinteri.

Contestualmente il bambino inizierà l'esplorazione del proprio corpo, compresa l'area genitale, ed è proprio dalla capacità materna di assecondare senza enfasi senza intrusioni anche questa fase che ne risulterà una buona o mediocre accettazione o addirittura il rifiuto della propria sessualità. L'accettazione da parte della madre dell'attività autoerotica del figlio con discrezione, senza enfasi, senza disapprovazione né disprezzo sarà determinante per il futuro.

Sguardo insistente e mancanza di sguardo: alterazioni del processo di controllo

Le alterazioni di questo processo sia nel senso di un ipercontrollo materno, sia nel senso di un abbandono materno potranno determinare alterazioni nel comportamento del figlio riguardo il senso del limite, il senso della privacy, l'autonomia, la dipendenza, l'autostima.

Per il bambino "essere guardato" troppo o troppo poco sono entrambi dannosi per il delicato processo di formazione del sé. Il naturale esibizionismo del bambino cerca lo "scintillio nell'occhio materno" ma teme lo sguardo che sembra invadere e controllare. Lo sguardo, o l'azione del guardare, è d'importanza fondamentale nell' ambito dei comportamenti sociali. È in parte un segnale non verbale, ma è ancor più un mezzo per percepire le espressioni degli altri, particolarmente dei loro volti. L'azione e la maniera del guardare hanno un significato, come segnali, in quanto rivelano, ad esempio, quanto è l'interesse nei confronti di un'altra persona, e sono parzialmente intese come segnali. Lo sguardo costituisce quindi sia un segnale che un canale, un segnale per chi lo riceve, un canale per chi guarda. La misura della quantità di sguardo è la percentuale di tempo dedicata a guardare in direzione del volto di un altro. Le persone di solito non fissano costantemente un singolo punto, ma inviano una serie di occhiate di circa frazioni di secondo dirette a diversi punti, particolarmente gli occhi e la bocca.

I neonati della nostra specie, già nella prima ora di vita, seguiranno con gli occhi un oggetto che si muove e dalle tre o quattro settimane in poi sono sensibili a un paio di occhi, o a maschere in cui sono stati disegnati due occhi. Questo precoce interesse per gli occhi è innato, o come ipotizzato c'è una preferenza innata per stimoli di un dato grado di complessità, luminosità e velocità di movimento. Gli occhi della madre sarebbero l'oggetto più in vista che attira l'attenzione, e quindi può esserci un apprendimento precoce e un attaccamento verso gli occhi e il volto di lei. Il neonato mette a fuoco tra 22 e 24 cm che è la distanza tra occhi del neonato e occhi materni durante l'allattamento al seno. I primi giochi praticati, simili in tutte le culture implicano sequenze di sguardi, interruzione dello sguardo, sorrisi e vocalizzazioni che si possono considerare il principio della conversazione e che includono il parlare a turno e il feedback. Lo sguardo genera eccitazione fisica e l'interruzione dello sguardo può costituire un modo per controllarne il livello. I primi sguardi reciproci possono avere un ruolo nello stabilirsi di un legame fra la madre e il neonato; esso è percepito come una grande gratificazione da parte della madre e probabilmente rafforza le risposte materne. È fondamentale quindi nel rapporto di separazione ed individuazione tra madre e figlio e nell'attaccamento.

Comportamenti ossessivi, rituali e ripetitivi si affermano nel figlio per interiorizzazione ed imitazione di atteggiamenti analoghi esibiti dai genitori ed in special modo dalla madre. Nel caso di un figlio cresciuto in stato di abbandono i rituali ed i comportamenti ripetitivi potranno dare al figlio la rassicurazione che gli è necessaria.

Una madre controllante perfino sulle funzioni personali più intime del figlio causerà in lui figlio uno stato di dipendenza, la dipendenza e il comportamento ossessivo compulsivo spesso coesistono. La dipendenza se non è colta e vissuta come tale ma accettata, viene non solo tollerata ma riproposta verso gli altri.

Se il figlio riesce a ribellarsi invece non riproporrà questi comportamenti. Affinché il comportamento controllante sia percepito come intrusivo dal figlio questi deve quanto meno rendersene conto, se l'interiorizzazione è precoce il figlio riproporrà gli stessi comportamenti senza giungere mai a livello di consapevolezza.

Un particolare tipo di alterazione del controllo si attua nel caso i genitori interferiscano con l'esplorazione del tutto normale che il bambino attua circa il proprio corpo, ed il suo potenziale erotico. La reazione negativa del genitore, in special modo la reazione negativa materna al gioco autoerotico può essere una delle prime ferite narcisistiche, anziché provare piacere dal potenziale erotico del proprio corpo il bimbo ne trae imbarazzo e successivamente vergogna. La stimolazione del proprio corpo deve restare in un contesto privato, è intrinsecamente una attività privata ed asociale, se si rivela agli altri può portare ad un senso di vergogna. La sessualità ha molte funzioni tra cui la procreazione, la formazione di legami di amore e di intimità, ma è anche associata al senso di sé ed alla sua autonomia. Nella nostra cultura la masturbazione non è vissuta come parte integrante del processo di conoscenza del proprio corpo e di crescita, viene disapprovata ed al più tollerata, vissuta come una debolezza, i contenuti erotici delle fantasie che l'accompagnano suscitano vergogna. Se la madre interferisce con le iniziative anche autoerotiche del figlio, desiderando un figlio senza bisogni, concupiscenze, imperfezioni, questi si vedrà costretto ad assecondare il desiderio materno. Questi giungerà a negarsi il proprio corpo ed i suoi appetiti che conduce al cosiddetto narcisismo morale. La madre dominante che svaluta e denigra la figura del padre presenza del figlio impedirà il normale complesso edipico, il bambino si sente preferito al padre e si identifica con l'immagine di perfezione che la madre ama finendo per rinunciare ad un vero sé. In cambio dell'amore materno esclusivo, il figlio sacrifica il vero sé. Il processo di controllo può persistere per l'intera vita.

Uno schema siffatto può aversi anche nel caso di una figlia di sesso femminile, ed il controllo può essere esercitato dal padre: ma non si tratta del tipo di controllo del padre padrone, è un controllo più sottile, implicito, che utilizza la meta-comunicazione.

Il figlio può non giungere mai ad un livello di consapevolezza, e passare da un controllo all'altro: dalla madre/padre all'insegnante, al caposquadra, al sacerdote, al capoufficio o caporeparto, alla fidanzata/fidanzato, alla sorella/fratello, alla moglie/marito, ai figli da anziano….. Oppure può avere momenti di distonia rispetto al controllo e provare rabbia e vergogna in modo erompente, intenso e profondo e non controllabile. In apparenza il figlio avrà atteggiamenti incomprensibili, rabbia esplosiva, vergogna tossica incontrollabile. Il comportamento di questi individui può apparire incomprensibile poiché giungerà a sabotare le proprie realizzazioni nel tentativo di affermare il vero sé nascosto e misero, rispetto al falso sé, coltivato e perfettamente in linea con le attese materne.

Innamoramento e comportamenti controllanti
Dal punto di vista biochimico un comportamento iper-controllante si estrinseca con una sregolazione del sistema serotoninergico. Il sistema serotoninergico è responsabile della e regolazione della fase dell'innamoramento o meglio dei comportamenti compulsivi caratteristici: pensiero compulsivo, pensieri ricorrenti, alterazioni del test di realtà. Questi comportamenti generalmente durano non più di 18-24 mesi. L'innamoramento è la fase più travolgente di una relazione amorosa in cui l'amato viene posto in primo piano, senza difetti, mentre tutto il resto del mondo resta sullo sfondo. In ogni momento il ricordo dell'innamorato o la sua evocazione genera un turbamento: batticuore, giramento di testa, sfarfallio nel petto, mal di stomaco, perdita dell'appetito, insonnia. Talvolta il pensiero di lui/lei risulta compulsivo, ossessivo, non è possibile pensare ad altro. L'amato/amata viene idealizzato/idealizzata: non c'è nessuno di meglio, non si vedono difetti. Il pensiero di lui/lei crea una dipendenza: senza non è possibile stare, senza l'amato/amata ci si sente persi. Quando si è già innamorati di qualcuno non ci si può innamorare di altri, non scegliamo di chi innamorarci, ci innamoriamo di chi è biochimicamente anzi olfattivamente compatibile. Quella dell'innamorato non è una quindi una scelta razionale, o meglio non è propriamente una scelta….
Ci si innamora più facilmente in situazioni di grande coinvolgimento emotivo: i momenti difficili cementano l'amicizia, come i lutti, le prove, le situazioni di pericolo e favoriscono anche l'innamoramento.
Sicuramente non ci si innamora dei fratelli e dei rapporti fraterni probabilmente per l'effetto "incesto" dato dal condizionamento culturale. Anche chi non ci è simile fisicamente, culturalmente, secondo religione, politica, interesse, umorismo generalmente non ci fa innamorare. Non ci si innamora neppure di coloro che ci danno segnali negativi di rifiuto o peggio di indifferenza.

Nelle situazioni di grande coinvolgimento emotivo   determinano la produzione di dopamina prodotta partire dal PEA o feniletilamina, questo è lo stesso ormone che nel processo di attaccamento madre figlio viene prodotto dal figlio in risposta alla madre e determina la simmetria delle risposte. Nell'innamoramento si ha la produzione di dopamina nel nostro cervello, lo stesso ormone della sincronia mimica tra madre e figlio. La dopamina è lo stesso mediatore chimico prodotto dall'emisfero destro del cervello del figlio in risposta alle interazioni precoci con la madre, influenzano direttamente lo sviluppo cerebrale regolando nel figlio i livelli di dopamina e di noradrenalina. La sincronia e la reciprocità dello sguardo, la risposta al sorriso col sorriso, genera nel cervello, in particolare nell'emisfero destro del bambino, stati emotivi piacevoli che favoriscono l'attaccamento. L'emisfero destro è la sede del sistema che regola ogni comportamento di attaccamento: madre/figlio, padre/figlio, terapeuta/paziente, fratello/sorella, sorella/sorella, fratello/fratello e quindi anche nella coppia di innamorati e ed in tutte le relazioni significative che prevedono "attaccamento".

La dopamina è l'ormone dell'amore
Gli studi sono stati eseguiti con la risonanza magnetica funzionale ossia mettendo il soggetto nel campo magnetico ed analizzando tutte differenti aree cerebrali mentre l'individuo prova emozioni. Si verificherà quali aree si attivano e quali restano silenti in risposta a determinati stimoli. Facendo visualizzare la figura della persona amata si è visto che le aree attive sono il nucleo caudato ed il tegmento ventrale ove si produce dopamina.
Così le aree attive mentre pensiamo alla persona che amiamo, la immaginiamo sono il nucleo caudato, ed il tegmento ventrale e mentre facciamo questa operazione produciamo dopamina che è quindi a ben ragione l'ormone dell'amore, l'ormone del legame di attaccamento. Le aree del nucleo caudato e del tegmento ventrale producono dopamina che determinerà iperattività, perdita del sonno, nausea, diminuzione dell'appetito, tachicardia, palpitazioni, tremori sintomi dell'innamoramento.

La serotonina ormone dell'equilibrio dell'umore e delle compulsioni
Mentre si produce dopamina altre aree del cervello riducono la produzione di serotonina. È un sistema che deve essere in equilibrio. Se la serotonina si abbassa troppo compaiono comportamenti ossessivi controllanti, simili ad ossessioni. Nell'innamoramento la serotonina si abbassa fisiologicamente. Nella gelosia patologica si riscontrano livelli di serotonina molto molto bassa. Nel comportamento controllante, tipico del disturbo ossessivo/compulsivo la serotonina è estremamente bassa.

Nell'innamoramento questi 2 ormoni devono essere in equilibrio. La serotonina si abbassa e compare il "comportamento ossessivo" (chiodo fisso) che ci porta a pensare in continuazione all'amata/all'amato. Nel frattempo, la dopamina si alza e compare l'attaccamento che ci unisce all'amato/amata.

Innamoramento compulsivo

Ci sono individui che ricercano di continuo nuove relazioni che saranno brevi proprio a causa della numerosità: brevi e per lo più superficiali.

Nell'innamoramento compulsivo non è la fase dell'attaccamento -quella mediata dalla dopamina- che viene coltivata, ma quella mediata dalla serotonina. La fase della dopamina risulta carente. L'individuo ricerca spasmodicamente nuove relazioni e parimenti presenta valori di serotonina molto bassi. Le relazioni saranno per lo più superficiali, di necessità molto brevi, e anche se molto numerose, non sviluppandosi il processo di attaccamento non si potrà costituire una vera vita di coppia né tantomeno in un simile contesto costituirsi una famiglia.

Bibliografia

1. Bateson, Gregory e D. Jackson, J. Haley e J. Weakland in un saggio dal titolo: "Verso una teoria della schizofrenia". 1956.
2. S. Raimondo, A. Di Luccio, V. Ventruto, La genetica nell'infertilità maschile, Milano, 2008.
3. D. Swaab, La differenziazione sessuale del cervello nell'utero, cap. IV in «Noi siamo il nostro cervello. Come pensiamo, soffriamo, amiamo.», Roma, 2010.
4. T. Kimchi, J. Xu, C. Dulac, A functional circuit underlying male sexual behaviour in the female mouse brain, in «NATURE» n. 448, 2007 (pp. 1009-1014) (http://www.nature.com/)
5. L. Cahill, Why sex matters for neuroscience, in «Nature Reviews Neuroscience», volume 7, 2006 (p. 478) (http://www.nature.com/)
6. G.P. Dohanich, Gonadal steroids, learning and memory in «Hormones, Brain and Behavior», Volume 2, San Diego, 2002 (pp. 265–327)
7. L. Cahill, Why sex matters for neuroscience, in «Nature Reviews Neuroscience», volume 7, 2006 (p. 478) (http://www.nature.com/)
8. F. Fiore "Il cervello di uomini e donne: quali le differenze? – neuroscienze" in «State of Mind», 2014, (http://www.stateofmind.it/)
9. Bateson, Gregory "Verso un'ecologia della mente", 1971.
10. Sluzki C.E Ransom D.C. "Il doppio legame" Astrolabio 1976.
11. Heide Goettner-Abendroth "Le società matriarcali" Venexia ed 2013.
12. Mollon Phil "Vergogna e gelosia" Astrolabio 2002.
13. White R. Gilliland R. "I meccanismi di difesa" Astrolabio 1975.
14. Eigen M. "Legami danneggiati" Astrolabio 2001.
15. Nancy Mc Williams "La Diagnosi Psicoanalitica" Astrolabio 2000.
16. Rocci Lorenzo "Vocabolario Greco Italiano" Dante Alighieri ed 1999.
17. Glen O. Gabbard "Psichiatria Psicodinamica" Raffaello Cortina Editore 1997.
18. Invernizzi G. "Manuale di psichiatria e psicologia clinica" McGraw-Hill 1996.
1. American Psychiatric Association "DSM IV TR Manuale Diagnostico e Statistico dei Disturbi Mentali Fourth Edition Text Revision". Masson Milano 2000.
2. American Psychiatric Association, (2013). Diagnostic and Statistical Manual of Mental Disorders, 5th Edition.
3. Codice Penale R.D. 19 ottobre 1930, n. 1398 Libro secondo Titolo XII.
4. D. Adams "The Seville statement on violence" ed. D. Adams, Paris, UNESCO, 1991.
5. Zonta R. "Psicologia generale, dello sviluppo ed applicata" Edipsicologiche Cremona 1998.
6. Kernberg O. *Le Relazioni nei Gruppi*, Milano, Raffaello Cortina, 1999.

7. Haley, Jay (1963) *Strategies of Psychotherapy*. New York: Grune & Stratton. (tr. It *Le strategie della psicoterapia*. Sansoni Editore nuova S.p.A Firenze, 1977).

8. Books4US. Blanchard, R. (2013). A dissenting opinion on DSM-5 Pedophilic Disorder. Archives of Sexual Behavior. 42:675–678.

9. Borg C., De Jong P.J., Elgersma H. (2014). Sexual Aversion and the DSM-5: An Excluded Disorder with Unabated Relevance as a Trans-diagnostic Symptom. Archives of Sexual Behavior. DOI:10.1007/s10508-014-0341-z

10. Francesetti G., Gecele M., Roubal J. (2013). Psychopathologie en gestalt-thérapie. Bordeaux: l'exprimerie.

11. Francesetti G., Gecele M., Roubal J. (2014). Gestalt Therapy in Clinic Practice. From Psychopathology to the Aesthetics of Contact. Milano: FrancoAngeli.

12. Goldstein I., Meston C.M., Davis S.R., Traish A.M. (2005). Women's Sexual Function and Dysfunction. Study, Diagnosis and Treatment. Florida: CRC Press Taylor & Francis Group.

13. Hendrickx L., Gijs L., Enzlin P. (2013). Distress, sexual dysfunctions, and DSM: dialogue at cross purposes? The Journal of Sexual Medicine, 10,3: 630-641. DOI:10.1111/j.1743- 6109.2012.02971.

14. Krueger R.B., Kaplan M.S. (2012). Paraphilic diagnoses in DSM-5. The Israel Journal of Psychiatry and Related Sciences, 49,4: 248-254.

15. Lee R.G., Wheeler G. (2013). The voice of shame: Silence and connection in psychotherapy. Cleveland: Gestalt Press.

16. Perls F., Hefferline R., Goodman P. (1994, ed. or. 1951). Gestalt Therapy: Excitement and Growth in the Human Personality. New York: The Gestalt Journal Press (trad. it. Terapia e pratica della terapia della Gestalt: Vitalità e accrescimento della personalità umana. Roma: Astrolabio, 1971; 1997).

17. Spagnuolo Lobb M. (2011). Il now-for-next in psicoterapia. La psicoterapia della Gestalt raccontata nella società post-moderna. Milano: Franco Angeli.

18. Sungur M.Z., Gündüz A. (2014). A comparison of DSM-IV-TR and DSM-5 definitions for sexual dysfunctions: critiques and challenges. The Journal of Sexual Medicine, 11, 2: 364-373. DOI:10.1111/jsm.12379.

19. Tanner J.M. (1962). Growth at adolescence; with a general consideration of the effects of hereditary and environmental factors upon growth and maturation from birth to maturity. Oxford: Blackwell Scientific Publications.

20. Laing R.D. "Mi ami?" Einaudi 1973.

21. Laing R.D. "Nodi" Einaudi 1970.

22. Laing R.D. "L'Io e gli altri" Einaudi 1976.

23. Laing R.D. "I fatti della vita" Einaudi 1976.

24. Cooper David La morte della famiglia Einaudi 1971.

25. Bettelheim, Bruno "Un genitore quasi perfetto" Feltrinelli 1987.

26. Bettelheim, Bruno "La fortezza vuota" Feltrinelli 1967.

27. Bettelheim, Bruno "Il Mondo incantato" Feltrinelli 1977.

28. Mollon Phil "Vergogna e gelosia" Astrolabio 2002.
29. White R. Gilliland R. "I meccanismi di difesa" Astrolabio 1975.
30. Eigen M. "Legami danneggiati" Astrolabio 2001.
31. Zolletto D. "Legami danneggiati" Bompiani 2003.
32. Giglielmi A. "Il linguaggio segreto del corpo" piemme 1999.
33. Bandler R. "Guida per l'esperto delle sub modalità" Astrolabio 1988.
34. Miller, Alice "Il dramma del bambino dotato e la ricerca del vero sé" Garzanti 1985.
35. Miller, Alice "La persecuzione del bambino" Garzanti 1987.
36. Miller, Alice "Il bambino inascoltato" Garzanti 1989.
37. Miller, Alice "L'infanzia rimossa" Garzanti 1990.
38. Miller, Alice "La chiave accantonata" Garzanti 1993.
39. Miller, Alice "La fiducia tradita. Violenza e ipocrisie nell'educazione" Garzanti 1995.
40. Miller, Alice Le vie della vita. Sette storie, Garzanti 1998.
41. Miller, Alice Il risveglio di Eva. Come superare la cecità emotiva, Garzanti 2002.
42. Miller, Alice La rivolta del corpo. Comuperare i danni di un'educazione violenta, Garzanti 2005.
43. Miller, Alice Riprendersi la vita. I traumi infantili e l'origine del male, Garzanti 2009.
44. Freud, Anna L'Io e i meccanismi di difesa" 1942.
45. Winnicot, D.W. "Dal Luogo delle Origini" nel 1971.
46. Klein, Melanie, "Amore, odio e riparazione" 1937.
47. Bowlby,John Attaccamento e perdita vol.1, vol.2, vol.3(2000).
48. Bowlby,John Costruzione e rottura dei legami affettivi 2007.
49. Bowlby,John Una base sicura 1989.
50. Darwin,Charles "L'Origine della specie"1859.
51. Darwin,Charles "L'espressone delle emozioni nell'uomo e negli altri animali" 1872.
52. Lorenz, Konrad "L'anello di Re Salomone",1949.
53. Duchenne, Guillaume "fisiologia dei movimenti" 1862.
54. Shore, Allan N. "I disturbi del sé. La disregolazione degli affetti", 1994.
55. Ekman, Paul "Te lo leggo in faccia"2003.
56. Ekman, Paul "la seduzione delle bugie" 2009.
57. Carini et al. "La biologia delle emozioni" Amrita 2011.
58. Ascione, FR Children who are cruel to animals: a review of research and implications for developmental psychopathology, "Anthrozoos", 1993, 4, pp. 226-47.
59. R.Paoletti et al. "Neuropsicofarmacologia" UTET 1998.
60. Guareschi A. et al. "Neurologia e psichiatria dello sviluppo" Mc Graw-Hill 1998.
61. Tustin F. "Protezione autistiche nei bambini e negli adulti" Raffaello Cortina Editore 1990.
62. S.Bonino, G.Saglione Aggressività e stili educativi familiari, "Psicologia Contemporanea", 1980, 41, pp. 17-23.
63. J. Groebel, R.A. Hinde, Aggression and war, Cambridge, Cambridge University Press, 1991.

64. R.A. Hinde, Behaviour and speciation in birds and lower vertebrates, "Biological Review", 1959, 34, pp. 85-128.

65. K. Lorenz,The comparative method in studying innate behaviour patterns, "Symposia of the Society for Experimental Biology", 1950, 4, pp. 221-68.

66. F. Robustelli, Modelli energetici e informazionali del sistema nervoso, "Psicologia Contemporanea", 1986, 75, pp. 40-46.

67. F. Robustelli, c. pagani, L'educazione contro la violenza, "Psicologia Contemporanea", 1996, 136, pp. 4-10.

68. Medda MV "la colpa" La ginestra quaderni di cultura psicanalitica. Franco Angeli 1996.

69. Hilgard E.R "Psicologia Corso introduttivo" Giunti 1971.

70. Duden B. "Il corpo della donna come luogo Pubblico" Bollati Boringhieri 1994

71. Redel F. Wineman D."Bambini che odiano" (volume 1 aggressività e disturbi del comportamento e volume 2 tecniche di trattamento del bambino aggressivo) Boringhieri 1974.

72. Rossi L "personalità e crimine" Carocci 2011.

73. Cirillo S "la famiglia maltrattante" Raffaello Cortina ed 1989.

74. Williams FP "Devianza e criminalità" il mulino 1994.

75. Palmonari A "Aspetti cognitivi della socializzazione in età evolutiva" il mulino 1978.

76. Shapiro LE "Il linguaggio segreto dei bambini" fabbri 2003.

77. Ammaniti M. "Manuale di psicopatologia dell'infanzia" Raffaello Cortina ed 2001.

78. Girard R. "La violenza e il sacro" Adelpi 2008.

79. Foucault M. "Io pierre Riviere, avendo sgozzato mia madre, mia sorella e mio fratello.." Einaudi 1976.

80. Lurija A.R. "Neuropsicologia e neurolinguistica" Ed riuniti 1974.

81. Hildgard E.R. "Psicologia corso introduttivo" Giunti 1971.

82. Rutschky Katharina "Pedagogia Nera" 1977.

83. Green R., "Il transessualismo: aspetti mitologici, storici ed etonologici" Ubaldini ed. Roma 1968.

84. Althof S., Lothstein L., Jones P., Shen J. (1983), An MMPI subscale (GD): to identify males with gender identity conflicts. J Personal Assess; 47:42-49.

85. Bodlund O, Armelius K. (1994), Self image and personality traits in gender identity disorders: an empirical study. J sex Marital Ther; 20:303-317.

86. Bucca M, Rossi R. (1999), Disturbi dell'Identità di Genere. In Cassano GB, Pancheri P, Pavan L, Pazzagli A, Ravizza L, Rossi R, Smeraldi E, Volterra V. Trattato Italiano di Psichiatria, II^ ed. Masson.

87. Cohen L, De Ruiter C, Ringelberg H, Cohen-Kettenis P. (1997), Psychological functioning of adolescent transsexuals: personality and psychopathology. J Clin Psychol; 53:187-196.

88. Cohen-Kettenis PT, Gooren LJ., Transsexualism: a review of etiology, diagnosis and treatment. J Psychosom Res; vol.46, n.4: pp.315-333.

89. Dennet, Clement, Daniel La competenza Morale, Festival delle scienze "Ci sono sei condizioni affinché un essere umano sia ritenuto responsabile delle sue azioni. Sono esclusi bambini e dementi" (Il Sole 24 ore 18.1.15).

90. Foucault M. The history of sexuality. The uses of pleasure. New York: Random, 1986.

91. Graziottin A. (2011), cap. Sessualità e fisiopatologia sessuale, Sessuologia Clinica, Edi Ermes, p. 689-708.

92. Green R, Blanchard R. (1995), Gender Identity Disorders. In Kaplan HI, Sadock BJ (eds): Comprehensive textbook of psychiatry. Williams & Wilkins, Baltimore.

93. Haraldsen IR, Dahl AA. (2000), Sympton profiles of gender dysphoric patients of transsexual type compared to patients with personality disorders and healthy adults. Acta Psychiatr Scand; 102:276-281.

94. Hoenig J., Kenna JC. (1974), The nosological position of transsexualism. Arch Sex Behav; 3:273-287.

95. Kockott G, Fahrner EM. (1998), Male to female and female to male transsexuals: a comparison. Arch Sex Behav; 17:539-546.

96. LeVay PF, Hamer DH. (1994), Evidence for a biological influence in male homosexuality. Sci Am; 270:44-49.

97. Lobo R. (1999), Treatment of Postmenopausal Women. Boston: Lippincott.

98. Lothhstein L. (1982), Sex reassignment surgery. Am J Psychiatry; 139:417-426. 65

99. "Le Radici della Violenza" in "genesi del crimine violento" con LUDES Gabrielli et al. 19.02.2013

100. "La sessualità umana e fisiopatologia sessuale" in "come e perché amiamo" con LUDES, Aceranti A et al. 11.05.2013

101. "Fisiopatologia delle emozioni" "Stelle e stalle" edizioni e EFBI, agosto 2013.

102. "Il contesto neurofisiologico dello sviluppo emozionale" "Stelle e stalle" edizioni e EFBI, agosto 2013.

103. "L'espressione delle emozioni nel volto" "Stelle e stalle" edizioni e EFBI, agosto 2013.

104. "Il gioco nello sviluppo normale del bambino"

105. "Psicopatologia del gioco", in Maghi streghe e resurrezioni" edizioni e EFBI, novembre 2013.

106. "Psicodinamica dello Stalker" in "se non sarai mio non sarai di nessuno" Ed EFBI dicembre 2013.

107. "Psicopatologia della devianza sessuale" In Gioventù fragile autrice del capitolo 1A cura di Laura Volpini et al. Franco Angeli editore Aprile 2014.

108. "la madre schizofrenogena" nel volume "sei libero di dirmi di sì" di EFBI con Aceranti et al. Febbraio 2014.

109. Depression in medical in-patients Samuel J. Rosenberg, et al. Psychology and psychotherapy September 1988.

110. DSM V Manuale Diagnostico e Statistico dei Disturbi Mentali I 2014, Raffaello Cortina Editore, 2014.

111.   Morton M. Silverman et al. 1- 2007 e Morton M. Silverman et al 2 2007.

112.   Ebert B.W. (1987), Guide to Conducting a Psychological Autopsy, Professional Psychology: Research and Practice, n.18 (1), pp. 52-56.

113.   Kelly Houston, Keith Hawton, Rosie Shepperd Warneford Hospital, Oxford, Suicide in young people aged 15-24: a psychological autopsy study, febbraio 2000.

114.   O'Carroll PW, Berman AL, Maris RW, Moscicki EK, Tanney BL, Silverman MM. Beyond the Tower of Babel: a nomenclature for suicidology. Suicide Life Threat Behav. 1996 Fall;26(3):237-52.

115.   Rosenberg ML, Davidson LE, Smith JC, Berman AL, Buzbee H, Gantner G, Gay GA, Moore-Lewis B, Mills DH, Murray D, et al. Operational criteria for the determination of suicide J Forensic Sci. 1988 Nov;33(6):1445-56.).

116.   Suicide and Life-Threatening Behavior 37(3) June 2007 pag 248-263 e pag 264-277.

117.   Suicidal Behavior in Children and Adolescents, Barry M. Wagner, Yale University Press; 1 edition (October 27, 2009).

118.   Health21: the health for al1 policy for the WHO European Region. Copenaghen, Ufficio Regionale OMS per l'Europa, 1999 (European Health for Al1 Series, No. 6).

119.   Istat. Indagine statistica multiscopo sulle famiglie 2016.

120.   http://www.istat.it/it/archivio/91926 (ultima consultazione: 20 aprile 2016).

121.   Cavallo F, Lemma P, Dalmasso P, Vieno A, Lazzeri G, Galeone D. Report Nazionale Dati HBSC Italia 2014. 2016.

122.   http://www.hbsc.unito.it/it/images/pdf/hbsc/report_nazionale_2 014.comp.pdf (ultima consultazione: 16 marzo 2017).

123.   http://www.regione.piemonte.it/sanita/cms2/prevenzioneepromo zionedellasalute/pianoregionalediprevenzione (ultima consultazione: 15 aprile 2017).

124.   Erikson, Erik H. Gioventù e crisi d'identità. Armando Editore, 1995.

125.   Glossario OMS della Promozione della Salute World Health Organization, Ginevra. Centro Regionale di Documentazione per la Promozione della Salute, DoRS, 2012.

126.   Durkheim E. (1897): Il Suicidio, Biblioteca Universale Rizzoli, Milano – 1987.

127.   Frankl V. Un significato per l'esistenza. Psicoterapia e umanesimo" Ed. Città Nuova Roma 1983.

128.   Freud, Sigmund. "Lutto e melanconia (1917). Opere, Boringhieri, Torino 8 (1976).

129.   Klein, Melanie. "Contributo alla psicogenesi degli stati maniaco-depressivi."Scritti 1921-1958 (1935): 297-325.

130.   Liakata, M, Kim, J.H., Saha, S., Hastings, J., Rebholz-Schuhmann, D. (2012). Three hybrid classifiers fort he detection of emotions in suicide notes. Biomed Inform Insights,

131.   Orestano F. Pensieri , XXIII 1940

132. Stekel, Wilhelm. Conditions of nervous anxiety and their treatment. Routledge, 2013.

133. Darwin, C, "The expression of the emotions in man and animals", London, 1872.

134. Tomkins, SS and Bertram PK, "Affect, Imagery, Consciousness" Volume IV Springer, 1992 New York.

135. Fuster, MJ, "The prefrontal cortex of the primate. A synopsis," «Psychobiology», 2000, 28, 2, pp 125-31.

136. Ekman, P, "Emotion in the human face", 1982.

137. Oliverio, A, "Neuroscienze ed etica" «Iride», 2008, 1, pp. 163-86.

138. Sroufe, LA, "Lo sviluppo delle emozioni", Raffaello Cortina Editore, Milano, 2000.

139. Arnold, MB, "Emotion and personality", Columbia University Press. New York, 1960.

140. Kandel, ER, Schwarts JH, Jessel TM "Principi di neuroscienze", Casa editrice ambrosiana. Milano 2012.

141. American Psychiatric Association "DSM IV TR Manuale Diagnostico e Statistico dei Disturbi Mentali, Fourth Edition Text Revision". Masson Milano 2000.

142. Meharabian, A, "Silent Messages" 1st ed. Belmont, CA: Wadsworth. ISBN 0-534-00910-7.

143. Eibl, E, I "Etologia umana. Le basi biologiche e culturali del comportamento", Bollati Boringhieri, 2001.

144. Eibl, E, I "Dall'animale all'uomo: le invarianti nell'evoluzione delle specie", Di Renzo Editore, 2005.

145. Damasio, AR, Il sé viene alla mente. La costruzione del cervello cosciente" Adelphi, edizioni, Milano, 2012.

146. Damasio, AR, Emozione e coscienza, Adelphi, edizioni, Milano, 2000.

147. Damasio, AR, "L'errore di Cartesio", Adelphi edizioni, Milano, 1995, pp. 404.

148. Le Doux, JL, "Post-traumatic Stress Disorder: Basic Science and Clinical Practice", co-Editor, 2009 Humana press.

149. Schachter, S, e Singer, JE, "Cognitive, social and physiological determinants of emotional state", «Psycho-logical review», 1962, 69, pp. 379-99).

150. Sadock, BJ, Sadock, VA, (2003), Trad.it Psichiatria clinica: Kaplan & Sadock's pocket handbook, CSE, Torino, 2003

151. Canestrari, R, (1995), Psicologia generale e dello sviluppo, Clueb, Bologna.

152. La psicologia della salute Antonella delle Fave e Marta Bassi ed. Utet 2013.

153. Criteri dell'WHO Quality of Life, gruppo di studio 1995 Documento ufficiale Organizzazione Mondiale della Sanità 2010.

154. Federazione Nazionale degli ordini dei Medici Chirurghi e degli Odontoiatri: Codice di Deontologia Medica, ed. 2014

155. http://www.fnomceo.it/fnomceo/Codice+di+Deontologia+Medica +2014.html?ta&id=115184).

156. Sadock, BJ, Sadock, VA, (2003), Trad.it Psichiatria clinica: Kaplan & Sadock's pocket handbook, CSE, Torino, 2003

157. Aceranti, A, Vernocchi, S "Fisiopatologia delle emozioni", "Il contesto neurofisiologico dello sviluppo emozionale" "L'espressione delle emozioni" "L'espressione delle emozioni nel volto" in "Stelle e stalle" edizioni e EFBI, agosto 2013.

158. Aceranti, A, Vernocchi, S, Margariti, D, "La somministrazione dei farmaci da parte di personale non infermieristico" Primula editore, novembre 2014.

159. Vernocchi, S, Aceranti, A, Spini, E "Eutanasia e cure di fine vita" EFBI, marzo 2017.

160. Vernocchi, S, Aceranti, A, Spini, E "Comunicare la morte" EFBI, giugno 2017.

161. Aceranti, A, Tuvinelli, M, "Elementi di Neurologia" di EFBI, 16 novembre 2016.

162. Rutschky Katharina "Pedagogia Nera" 1977.

163. Nancy Mc Williams "La Diagnosi Psicoanalitica" Casa Editrice Astrolabio 2000.

164. Rocci Lorenzo "Vocabolario Greco Italiano" Casa Ed. Dante Alighieri ed 1999.

165. J. Groebel, R.A. Hinde, Aggression and war, Cambridge, Cambridge University Press, 1991.

166. R.A. Hinde, Behaviour and speciation in birds and lower vertebrates, "Biological Review", 1959, 34, pp. 85-128.

167. K. Lorenz,The comparative method in studying innate behaviour patterns, "Symposia of the Society for Experimental Biology", 1950, 4, pp. 221-68.

168. Goleman D., 1995, Intelligenza emotiva, BUR.

169. Menesini E., 2007, Psicologia contemporanea, 200, 18-25.

170. Filippo B., (2008) Bulli. Il romanzo choc di un adolescente, Milano, Mursia. ISBN 978-88-425-4090-8

171. Frugiuele A., (2010) Il bullismo e l'aggressività nei minori. I risvolti legali, Cosenza, Quaderni di Cultura&Società.

172. Garbarino J., De Lara E. (2003). And Words Can Hurt Forever: How to Protect Adolescents from Bullying, Harassment, and Emotional Violence, The Free Press: New York NY.

173. Erikson, Erik H. Gioventù e crisi d'identità. Armando Editore, 1995.

174. Durkheim E. (1897): Il Suicidio, Biblioteca Universale Rizzoli, Milano – 1987

175. Frankl V. Un significato per l'esistenza. Psicoterapia e umanesimo" Ed.Citta Nuova Roma 1983

176. Freud, Sigmund. "Lutto e melanconia (1917)." Opere, Boringhieri, Torino 8 (1976).

177. Klein, Melanie. "Contributo alla psicogenesi degli stati maniaco-depressivi. "Scritti 1921-1958 (1935): 297-325.

178.   Liakata, M, Kim, J.H., Saha, S., Hastings, J., Rebholz-Schuhmann, D. (2012). Three hybrid classifiers fort he detection of emotions in suicide notes. Biomed Inform Insights,

179.   Orestano F. Pensieri , XXIII 1940

180.   Polito M. Suicidio: la guerra contro se stessi. Cause e prevenzione. Libreriauniversitaria.it Edizioni

181.   Stekel, Wilhelm. Conditions of nervous anxiety and their treatment. Routledge, 2013.

182.   Fuster, MJ, "The prefrontal cortex of the primate. A synopsis," «Psychobiology», 2000, 28, 2, pp 125-31.

183.   Ekman, P, "Emotion in the human face", 1982.

184.   Oliverio, A, "Neuroscienze ed etica" «Iride», 2008, 1, pp. 163-86.

185.   Sroufe, LA, "Lo sviluppo delle emozioni", Raffaello Cortina Editore, Milano, 2000.

186.   Arnold, MB, "Emotion and personality", Columbia University Press. New York, 1960.

187.   Kandel, ER, Schwarts JH, Jessel TM "Principi di neuroscienze", Casa editrice ambrosiana. Milano 2012.

188.   Meharabian, A, "Silent Messages" 1st ed. Belmont, CA: Wadsworth. ISBN 0-534-00910-7.

189.   Eibl, E, I "Etologia umana. Le basi biologiche e culturali del comportamento", Bollati Boringhieri, 2001.

190.   Eibl, E, I "Dall'animale all'uomo: le invarianti nell'evoluzione delle specie", Di Renzo Editore, 2005.

191.   A, Vernocchi, S "Fisiopatologia delle emozioni", "Il contesto neurofisiologico dello sviluppo emozionale" "L'espressione delle emozioni" "L'espressione delle emozioni nel volto" in "Stelle e stalle" edizioni e EFBI, agosto 2013.

192.   "La madre schizofrenogena, origine dei crimine" e

193.   "Le Radici della Violenza" in "genesi del crimine violento" con LUDES Gabrielli et al. 19.02.2013.

194.   "La sessualità umana e fisiopatologia sessuale" in "come e perché amiamo" con LUDES, Aceranti A et al. 11.05.2013.

195.   "Il gioco nello sviluppo normale del bambino" e

196.   "Psicopatologia del gioco", in "Maghi streghe e resurrezioni" edizioni e EFBI, novembre 2013.

197.   "Psicodinamica dello Stalker" in "Se non sarai mio non sarai di nessuno" Edizioni EFBI dicembre 2013

198.   In "Profili criminali e psicopatologici del reo" autrice del capitolo "La Pedofilia femminile. Se chi abusa è donna". A cura di Sabina Lembo, Maggioli Editore Maggio 2014.

199.   In "Gioventù fragile" autrice del capitolo "Psicopatologia della devianza sessuale" A cura di Laura Volpini et al. Franco Angeli editore Aprile 2014.

200.   "La madre schizofrenogena" nel volume "sei libero di dirmi di sì" di EFBI con Aceranti et al. Febbraio 2014.

201.   In "vittime di crimini violenti" autrice dei capitoli "L'aggressione sessuale dal punto di vista della vittima" e

202. "La valutazione clinica e medico-legale dell'abuso sui minori" e

203. "Il trauma infantile". A cura di Sabina Lembo et al, con Andreas Aceranti, Maggioli Editore Settembre 2014.

204. "Nella tela del ragno" di EFBI dicembre 2014 con Aceranti et al.

205. "La somministrazione dei farmaci da parte di personale non infermieristico" Primula editore, novembre 2014.

206. "Infanzia ed adolescenza" con Aceranti A., Spini E., Ferrante A. di EFBI gennaio 2015.

207. In "La Donna Criminale" autrice del capitolo "Sexual offenders al femminile" e

208. "La manipolazione mentale al femminile" a cura di Casale, De Pasquali, Esposito, Lembo Maggioli Editore Luglio 2015.

209. In "Larps Attack! esperienze e riflessioni del mondo dei giochi di ruolo" di Giovannucci A. e Trenti L. Autrice del capitolo Il gioco di ruolo dal vivo come realtà transizionale per imparare ad essere sé stessi con Aceranti A. Lulu.com, Roma, settembre 2015.

210. "Neurofisiologia e psicobiologia delle emozioni" con Andreas Aceranti, Antonio Ferrante, di EFBI novembre 2015.

211. "Elementi di Neurologia" con A. Aceranti e M. Tuvinelli, di EFBI, 16 novembre 2016.

212. "Eutanasia e cure di fine vita" con Aceranti A et al EFBI marzo 2017. ISBN 978-152143-7513.

213. "Comunicare la morte" con Aceranti A et al EFBI giugno 2017. ISBN 978-152156-0693.

214. "Curare tra arte e psicodramma" con Aceranti A, Spini E, et al EFBI giugno 2017. ISBN 978-152155-5729.

215. "Genitori quasi perfetti, stili parentali tra pedagogia e psicologia" A. Aceranti, S. Vernocchi. ISBN 9781976115271. Agosto 2018.

216. Nancy Mc Williams *La Diagnosi Psicoanalitica* Casa Editrice Astrolabio 2000.

L'autrice

Simonetta Vernocchi, lavora come internista in un ospedale pubblico.
Professore a contratto per diverse Università relativamente alle tematiche di fine vita, fisiologia e fisiopatologia, semeiotica, health promotion, malattie dell'apparato respiratorio.
Docente nella scuola Adleriana di Psicoterapia di Milano circa gli argomenti di antropologia transculturale del fine vita e neurofisiologia.
Collabora sia con la Caritas Internazionale circa le tematiche di interesse sociale, promozione della salute e di etica, organizzando corsi e seminari, sia con l'Ordine dei Sociologi di cui è membro.
Ha contribuito alla progettazione ed alla realizzazione dell'Hospice Altachiara ed è stato membro del comitato etico dell'Istituto Humanitas Mater Domini dalla sua costituzione fino a 2011.
Si occupa di ricerca e pubblicazioni in differenti settori in special modo per l'Istituto Europeo di Scienze Forensi e Biomediche.